Intermediate
Spanish
workbook

Keith Chambers

Berlitz Publishing
New York   Munich   Singapore

Contacting the Editors
Every effort has been made to provide accurate information in thispublication, but changes are inevitable. The publisher cannot be responsible for any resulting loss, inconvenience or injury. We would appreciate it if readers would call our attention to any errors or outdated information by contacting Berlitz Publishing, 193 Morris Ave., Springfield, NJ 07081, USA.
Fax: 1-908-206-1103 email:comments@berlitzbooks.com

Berlitz Trademark Reg. U.S. Patent Office and other countries. Marca Registrada. Used under license from Berlitz Investment Corporation

Cover photo © DigitalVision/Punchstock

Workbook series devised by Lynne Strugnell
Intermediate Spanish Workbook written by Keith Chambers

Printed in Singapore by Insight Print Services (Pte) Ltd., May 2006

CONTENTS

Introduction:

For over a century, Berlitz language courses and books have helped people learn foreign languages for business, for pleasure, and for travel – concentrating on the application of modern, idiomatic language in practical communication.

This *Berlitz Intermediate Spanish Workbook* is designed for students who have achieved intermediate proficiency in Spanish. You can communicate quite confidently in Spanish in a variety of situations, but want to brush up your knowledge of grammar and usage and expand your vocabulary.

Maybe you are following an evening class or a self-study course and want some extra practice – or perhaps you learned Spanish some time ago and need to refresh your language skills. Either way, you'll find the *Berlitz Intermediate Spanish Workbook* an enjoyable and painless way to improve your Spanish.

How to Use the Workbook

We recommend that you set yourself a consistent weekly, or, if possible, daily study goal – one that you can achieve. The units gradually increase in difficulty and have a continuous storyline, so you will probably want to start at Unit 1.

Each unit focuses on a specific topic or situation, as detailed in the contents list and at the beginning of the unit. Within the unit you will find exercises, reading passages, and word puzzles designed to build your vocabulary, grammar, and communication skills. The exercises vary, but each unit follows the same basic sequence:

Match Game	relatively easy matching exercises that introduce each topic
Talking Point	a variety of exercises based on lively, idiomatic dialogues. Read these dialogues thoroughly, as they introduce the language you will use in the subsequent exercises
Word Power	imaginative vocabulary-building activities and games
Language Focus	specific practice in problem areas of grammar
Reading Corner	challenging comprehension questions based on a short text
Write Here	short writing tasks that give you the opportunity to use creatively the language you've practiced in the previous exercises

If you used the first-level *Berlitz Spanish Workbook*, you'll be familiar with the format, but there are some added extras:

- language to equip you to talk about serious issues such as the environment, health, or the economy, as well as lighter subjects relating to everyday life
- additional support and error diagnosis in the **Answer Key**, as well as correct answers to all the exercises – or model answers when there is no single correct choice
- more extensive and more demanding **Reading Corner** exercises to build your knowledge of vocabulary and grammar
- greater opportunities for creative writing in the **Write Here** tasks

We hope that you'll find the *Berlitz Intermediate Spanish Workbook* an enjoyable and useful study aid, and wish you every success with your Spanish learning.

Unit 1:

Getting to know you

In this unit you will practice greetings and some basic descriptions.

Match Game

1. Hello! How are you?

Match each statement with the most appropriate response.

1. ¿Cómo está usted?	(2) a. De nada
2. Muchas gracias	(3) b. Mucho gusto
3. Le presento a mi amigo Carlos.	(4) c. Felicitaciones
4. Nos vamos a casar.	(6) d. Regular
5. ¿Usted gusta?	(10) e. Se lo regalo.
6. ¿Qué tal?	(7) f. Mi más sentido pésame
7. Ha muerto mi abuelo.	1 (6) g. Muy bien, gracias
8. Mi hijo ha aprobado sus exámenes.	(8) 9 h. Hasta mañana
9. Buenas noches	9 (8) 8 i. Enhorabuena
10. Me gusta su reloj. *clock watch*	(5) j. No gracias, que le aproveche.

Talking Point

2. Meet the team

Isabel has gone to the studios of Antena TV to discuss a new project. Read the conversation and then answer the questions.

López   Buenos días. Soy Luis López, realizador. Mucho gusto en conocerla.

Isabel   Encantada, señor López.

López   Llámeme Luis, por favor. ¿Quiere contarme algo de su vida?

Isabel   Bueno, como sabe, soy actriz y he desempeñado varios papeles, principalmente en dramas serios. Este proyecto será algo nuevo para mí.

López   Entendido. *Día tras día* será una serie para la familia. Nuestras investigaciones muestran que el canal necesita un tipo de telenovela.

Isabel	Muy interesante. ¿Cuántos episodios habrá?
López	No lo sabemos todavía – todo depende de la reacción del público. Podría ser cuestión de muchos años.
Isabel	¿Y qué tengo que hacer yo?
López	Actuará como la madre de la familia – como en su vida normal, ¿no?
Isabel	Claro – tengo marido y dos hijos – una chica y un chico.
López	Aquí tengo el guión como muestra de la serie. Puede llevarlo a casa para leer. Si le gusta podremos arreglar el contrato.
Isabel	¿Usted quiere que participe en un ensayo antes?
López	Claro, pero ya tenemos una buena idea de sus cualidades. La hemos visto muchas veces en la pantalla.
Isabel	Bueno, ¿cuándo volvemos a vernos?
López	En quince días, si es posible. ¿Le conviene martes por la tarde?
Isabel	Sí, el día veintidós me viene bien. Hasta luego y gracias.

1. Luis López es un actor famoso.   Verdadero/*falso*
2. Luis ya conoce a Isabel.   Verdadero/*falso*
3. Isabel es una actriz muy conocida y con mucha experiencia.   *Verdadero*/falso
4. Isabel desempeñará un papel en una telenovela por primera vez.   *Verdadero*/falso
5. Ya existe una telenovela en Canal Antena.   Verdadero/*falso*
6. Hasta cierto punto el número de programas dependerá del público.   *Verdadero*/falso
7. Isabel tiene que firmar un contrato en seguida.   *Verdadero*/falso
8. Los dos van a reunirse otra vez en tres semanas.   Verdadero/*falso*

Word Power ⱅ

3. Colors

Find the eight colors in this *sopa de letras*.

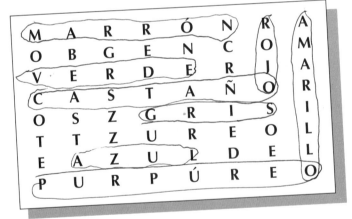

Language Focus ⊕

4. Muy *or* mucho?

Complete the expressions with *muy, mucho, muchos, mucha, muchas* as appropriate.

1. El español es ___muy___ fácil.
2. Aquí hace _m_____ frío.
3. Esta cerveza está _____ fría.

4. Nos gusta _____ el vino habrán.
5. Tengo _____ hambre.
6. Mi hija tiene _____ suerte – ha ganado la lotería.
7. ¿Te gusta Inés? – Sí, _____.
8. Las flores son _____ bonitas.
9. Hay _____ flores en el jardín.
10. En México en el verano hace _____ calor.

Reading Corner

5. TV Times

From this program schedule, what time are the following programs?

1. Cookery program _____
2. Traffic round-up _____
3. Daily interview _____
4. Local news _____
5. A soap opera _____
6. Test card _____
7. Morning film _____
8. Scrambled film _____

07:00 a.m. Gimnasia infantil   **07:30 a.m.** Dibujos animados   **08:00 a.m.** Telediario   **08:15 a.m.** Ciclismo   **09:00 a.m.** Economía y trabajo   **09:30 a.m.** El tiempo hoy   **09:35 a.m.** Película "Sin pistas"   **11:00 a.m** Informativo regional   **11:30 a.m.** Serie: El equipo A   **12:00 p.m.** Telediario   **12:15 p.m.** La carretera   **12:30 p.m.** Cine: Perdido por perdido (codificado)   **2:30 p.m.** Juguemos al trivial (concurso)   **3:15 p.m.** Entrevista del día   **3:45 p.m.** Dibujos animados   **4:30 p.m.** Documentos de la historia (nueva serie)   **5:30 p.m.** Cierre   **5:55 p.m.** Carta de ajuste   **6:00 p.m.** Telenoticias   **6:30 p.m.** Cocina para todos   **7:00 p.m.** La familia López (telenovela)   **7:30 p.m.** Deportes   **9:00 p.m.** Cineclub (codificado)

Write Here

6. Likes and dislikes

Using the schedule on the previous page, write notes about the kinds of programs you like or hate and say why.

Example: Me gustan los dramas porque son emocionantes. No me gusta el telediario porque no es muy interesante.

Now make a list of some of your favorite programs, giving the title, day, and time.

Example: fútbol, sábado, 18.30

Unit 2:

Sense of direction

In this unit, you will use directions, find your way around town, and compare English and Spanish languages.

Match Game

1. Can you help me?

Match the request and the response.

1. ¿Cómo se va al centro?

2. ¿Quieres venir al cine conmigo?

3. ¿Me puede indicar el camino para la estación?

4. ¿A qué hora sale el tren para Madrid?

5. ¿Tiene una habitación doble, por favor?

6. Quisiera cambiar unos cheques de viaje.

7. ¿Tiene este libro de García Márquez?

8. Un bistec con papas, por favor.

9. Un billete para Madrid, por favor.

10. Y media botella de vino.

( )   a. A las tres y media.

( )   b. ¿Cómo lo quiere, muy hecho o poco hecho?

( )   c. ¿De ida y vuelta?

( )   d. ¿Para cuántas noches?

( )   e. ¿Tinto o blanco?

( )   f. Lo siento, está agotado.

( )   g. Lo siento, no soy de aquí.

( )   h. Necesito su pasaporte, por favor.

( )   i. Sí, con mucho gusto.

( )   j. Siga derecho hasta el final de la calle.

Talking Point

2. You can't miss it!

Isabel and her husband, Juan, are trying to get to the TV studio. Read the conversation and complete the sentences that follow.

Isabel   Estoy segura de que debemos ir por allí.

Juan   Creo que nos hemos extraviado. ¿Por qué no preguntamos? Ahí va alguien.

Isabel   Perdone, señor. ¿Por dónde se va al estudio de Televisión Antena?

Transeúnte   No sé, no soy de aquí, pero creo que está cerca de la Plaza Mayor. Tendrán que preguntar allá.

Isabel	Y la Plaza Mayor, ¿está por esta calle?
Transeúnte	No. Tienen ustedes que seguir derecho, luego girar por la primera calle a la derecha. Tomen la segunda – no, la tercera – calle a la izquierda y sigan hasta el final de la calle. Son como quince minutos caminando.
Isabel	Gracias, pero tenemos coche.
Transeúnte	En este caso es imposible porque está prohibida la entrada a esta calle. Tendrán que dar la vuelta a la manzana y seguir hasta la glorieta. Entonces tomen la primera salida y sigan derecho hasta la Plaza Mayor.
Isabel	Muy complicado. Quizá dejamos aquí el coche.
Transeúnte	Es mejor, porque hay un mercado en la plaza y es muy difícil aparcar.

Add the appropriate word to complete the sentence.

1. Isabel no _____ segura de la ruta.
2. Ella no _____ el camino.
3. Piensan que se _____ extraviado.
4. El transeúnte _____ que el estudio está cerca de la Plaza Mayor.
5. Tienen que seguir todo _____ .
6. Luego tienen que _____ por la primera calle a la derecha.
7. Tienen que _____ la vuelta a la manzana.
8. Es _____ aparcar en la Plaza Mayor.

Word Power ⚘

3. Do you speak Spanglish?

In many Spanish-speaking countries, English words have crept in. Match the new words with their traditional equivalent.

jersey gasfitero interviú mítin líder computadora parking Christmas

entrevista _____

estacionamiento _____

fontanero _____

jefe _____

chumpa _____

ordenador _____

reunión _____

Navidad _____

Language Focus ⊕

4. Preposition, proposition!

Some Spanish expressions use different prepositions from English. Insert the correct one from the box.

1. Juan fue el último _____ llegar.
2. La gramática es muy difícil _____ entender.
3. La paella consiste _____ arroz y mariscos.
4. Sus padres no consintieron _____ matrimonio.
5. Ese animal se alimenta _____ carne.
6. Me gusta estar sentado _____ la sombra.
7. La ciudad parecía triste _____ la lluvia.
8. Leímos el letrero _____ la luz de la lámpara.

a
al
bajo
de
de
en
en
en

Reading Corner 📖

5. Hasta la vista, baby!

Read the text and answer the questions below

LA PRENSA INDEPENDIENTE

Hasta la vista, baby!

En 1991, cuando un actor austriaco popularizó esta expresión en español, en Estados Unidos había 23 millones de hispanos. Recientemente se ha celebrado en Nuevo México la primera ceremonia bilingüe de nacionalización de emigrantes. El simbolismo de este acto ha abierto una polémica en el país. Los críticos de esta nueva política piensan que es posible repetir lo que llaman el "caos" del bilingüismo de Canadá o Bélgica.

Los defensores del cambio creen que no se debe penalizar al casi millón de habitantes del estado que no habla bien el inglés. Aunque hay muchos hispano-hablantes en EE.UU., California, Florida, Tejas y Nueva York tienen el mayor porcentaje de hispanos.

Los angloparlantes temen que el desarrollo del español acabe para siempre con la necesidad de aprender inglés que ha unido a todos los habitantes, inmigrantes o no, en un mismo ideal y una misma lengua.

Find expressions in the article above that mean the following:

1. de dos lenguas _____
2. discriminar contra _____
3. el avance _____
4. esta frase _____
5. la aspiración _____
6. el idioma _____
7. la mayoría _____
8. los que hablan castellano _____
9. poner fin a _____
10. tienen miedo _____
11. tuvo lugar _____
12. un debate _____

Write Here

6. It's not very far

Say if the place is near or far, and how to get there.

Example: *El hospital está a cinco kilómetros. Está muy lejos. Hay que tomar un taxi.*

1.
1
KM

2.
RITZ
★★★★★
2
KM

3.
3,5
KM

4.
500
M

5.
10
KM

6.
100
M

Unit 3:

Home sweet home

In this unit, we will talk about family and home and practice some personal descriptions.

Match Game

1. Keep it in the family!

Match the relatives with the numbers on the family tree.

hijo/hija	nieto/nieta
primo/prima	padre/madre
hermano/hermana	cuñado/cuñada
tío/tía	abuelo/abuela
sobrino/sobrina	esposo/esposa

Talking Point 👄

2. Your move

Isabel and Juan are discussing an apartment they are thinking of renting. Study the conversation and identify the rooms and other features shown on the floor plan.

Empleado	Como ustedes pueden ver, el piso es muy bonito y atractivo. El salón da al parque.
Isabel	Sí, necesitamos un apartamento bastante grande. ¿Cuántas habitaciones tiene?
Empleado	Aquí está el salón y al lado queda el comedor. Hay que atravesar el comedor para llegar a la cocina.
Juan	¿El salón es la única habitación con balcón?
Empleado	No, el dormitorio más grande también tiene uno. Está al otro lado del edificio. Hay otros dos dormitorios.
Isabel	¿Cuántos cuartos de baño tiene?
Empleado	Dos. Uno está en el pasillo y el otro en uno de los dormitorios.
Juan	¿Y qué es eso al lado de la entrada?
Empleado	Es un armario para la ropa o artículos de limpieza.
Isabel	¿Y la cocina – está bien amueblada?
Empleado	Tiene todo lo necesario – electrodomésticos como nevera, lavaplatos, cocina eléctrica y hasta un microondas.
Juan	Y calefacción, claro, ¿dónde está la estufa?
Empleado	Aquí, en el vestíbulo, escondida tras una reja.

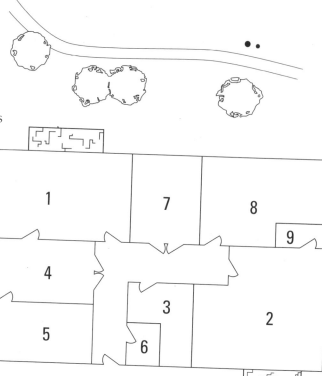

Word Power 🐝

3. More practice with prepositions

Complete the sentences using the appropriate preposition.

1. No puedo entrar _____ el apartamento.
2. Su actitud _____ los clientes es muy rara.
3. La ventana da _____ la calle.
4. Pero a él no le gusta hablar _____ los clientes.
5. El precio del piso depende _____ la situación.
6. El piso consta _____ cinco habitaciones.
7. El empleado sale _____ la oficina.
8. Juan e Isabel llegaron _____ la mañana.
9. Tienen cita con la agencia a las once _____ la mañana.
10. _____ la ventana puedes ver el parque.

Language Focus ⊕

4. Ser *and* estar

Complete the sentences as appropriate.

1. Juan _____ muy listo – entiende la situación.
2. Juan, ¿_____ listo? Es hora de salir.
3. ¿Cómo _____ Isabel? Parece un poco pálida hoy.
4. ¿Cómo _____ el apartamento, grande o pequeño?
5. No podemos entrar porque la puerta _____ cerrada.
6. Cada noche la puerta _____ cerrada por el conserje a las once.
7. El habitante de ese apartamento _____ muy malo – mató a su familia.
8. El habitante de ese apartamento _____ malo – tiene la gripe.
9. Hoy _____ el primero de enero.
10. Hoy _____ a primero de enero.

Reading Corner 📖

5. *What's on TV?*

The television company has issued a press release about the new program. Read the text and then answer the questions below.

Informe *de prensa*

Día tras día es una nueva serie que saldrá todos los días durante la semana. El programa se transmite a la hora de comer y se repite a la mañana siguiente. También hay un programa resumen los domingos. Aunque la serie trata de la vida cotidiana de una familia, no carece de drama porque los personajes pasarán por crisis, dilemas, accidentes, en fin – toda clase de situaciones difíciles. La serie tiene también un propósito más serio – poner al tanto a los televidentes de las cuestiones importantes del día – ya sean políticas, morales, culturales. Sin embargo, nuestro deseo es divertir. No se lo pierda. ¡Hasta la vista!

1. *Día tras día* (A) ya ha empezado (B) está a punto de empezar (C) sale sólo durante el día (D) sale sólo los fines de semana.
2. Es un programa (A) frecuente (B) semanal (C) matinal (D) diario.
3. No hay programa los (A) domingos (B) lunes (C) viernes (D) sábados.
4. El programa quiere ser (A) dramático (B) divertido (C) crítico (D) variado.
5. La serie quiere ser (A) ficción (B) documental (C) informativa (D) aburrida.
6. *Día tras día* es (A) una telenovela con aspectos serios (B) un noticiario con aspectos divertidos (C) un resumen de la semana (D) una serie de crisis.

Write Here

6. House for sale

Write a description of your house or apartment including the following details:

EL CENTINELA DEL NORTE

Se vende casa

Situación: ....
....

Número de habitaciones: ....
....

Tamaño: ....

Aspectos positivos: ....
....

Extras – jardín, garaje, etc.: ....
....
....

Precio: ....

Cuándo/cómo inspeccionar: ....

Razón: ....

Draw a floor plan of your house or apartment, naming the principal features in Spanish.

Unit 4:

It's in the book

In this unit, you will find examples of using the telephone and numbers, and you will get more practice with descriptions.

Match Game

1. Your number's up!

Figure out the answers.

1. cincuenta más cuarenta
2. diez menos ocho
3. mil quinientos menos seiscientos
4. quince más treinta y cinco
5. ciento cinco más trescientos noventa y cinco
6. tres por siete
7. quince entre tres
8. veinticinco por tres
9. ocho más seis
10. cuarenta menos trece

( ) a. catorce
( ) b. cinco
( ) c. cincuenta
( ) d. dos
( ) e. novecientos
( ) f. noventa
( ) g. quinientos
( ) h. setenta y cinco
( ) i. veintisiete
( ) j. veintiuno

Talking Point

2. Don't hang up!

Isabel is trying to call the studios but with little succcess. Because the line is bad, some of the conversation is missing. Can you complete it?

Recepcionista	Televisión Antena. ¡Dígame!
Isabel	Buenos días. Quisiera hablar con Luis López, por favor.
Recepcionista	Momentito. ¿De parte de quién?
Isabel	Soy Isabel Martínez del equipo de *Día tras día*.
Recepcionista	Lo siento, está comunicando. La línea está ocupada.
Isabel	Entonces, ¿puede ponerme con su secretaria?

Recepcionista	No está. Es la hora de comer.
Isabel	Necesito hablar con el señor López. ¿Puede darle un recado?
Recepcionista	Por supuesto. ¿Qué quiere usted que le diga?
Isabel	Quiero que me llame cuando pueda. Tengo que confirmar algunos detalles del guión y del contrato. Parece que...
Recepcionista	Han terminado ya. La conecto en seguida.

Continue the conversation:

López	Ah, Isabel, es usted.
Isabel	---
López	¿Cuándo puede venir a verme?
Isabel	---
López	Mañana por la tarde sería mejor. ¿Sobre las cuatro y media quizás?
Isabel	---
López	De acuerdo – media hora más tarde. ¿De qué quiere hablarme?
Isabel	---
López	No habrá problemas. Podremos arreglarlo todo mañana. Hasta entonces.
Isabel	---

Word Power Ⱳ

3. Just the opposite

What are the opposites of the following words?

verbs:

1. entrar _____
2. subir _____
3. querer _____
4. dar _____
5. mojar _____
6. encender _____
7. cerrar _____
8. ahorrar _____
9. preguntar _____
10. dormirse _____

adjectives:

1. triste _____
2. simpático _____
3. claro _____
4. hermoso _____
5. rico _____
6. alto _____
7. inteligente _____
8. caro _____
9. estrecho _____
10. fácil _____

Language Focus ⊕

4. Happy endings

Some adjectives change endings according to the way they are being used. Supply the correct forms.

1. Rodríguez fue un _____ general. (grande)
2. Los _____ casados estaban muy contentos. (reciente)
3. Hay _____ peniques en una libra esterlina. (ciento)
4. Hoy mi hermana cumple _____ años. (veintiuno)

5. ¡ _____ días! – No. Para mí es un ____día. (bueno; malo)
6. Mis amigos viven en aquella casa _____. (grande)
7. Es un pueblo de cinco _____ habitantes. (mil)
8. Mi amiga _____ es muy _____. (inglés; inteligente)
9. _____ Navidades. (feliz)
10. Aquel hombre es muy _____. (malo)

Reading Corner 📖

5. Phone home

Look at this list and then answer the questions, remembering to write the numbers out in full.

Example: Policía 400 22 15 14 –
cuatrocientos, veintidós, quince, catorce

What number would you call if:

1. you wanted to know the weather tomorrow?
----

2. you discovered a fire?
----

3. you needed to fly to New York?
----

4. you needed some medicine urgently?
----

5. your car had broken down?
----

6. you wanted to know the exchange rate?
----

7. your car had been stolen?
----

8. you wanted to go to Madrid on the AVE?

TELÉFONOS DE URGENCIA

Ambulancias	300 20 20
Hospital	201 29 35
Instituto de la Mujer	900 191 010
Bomberos	500 00 080
Estación de autobuses	412 73 39
Información ferrocarriles	490 02 02
Información metereológica	906 365 308
Información aeropuerto	276 75 65
Información puerto	277 51 42
Información financiera	734 81 91
Taxi	471 10 01
Guardia Civil	395 08 08
Accidentes carretera	800 01 11
Información carretera	543 12 34
Grúa	100 45 15
Farmacia de turno	482 99 88

Write Here

6. Fax or fiction?

Using the grid, write a sentence in each category about different methods of communication.

	Advantages	Disadvantages	Cost	Personal reactions
LETTER				
TELEPHONE				
FAX				
ANSWERING MACHINE				
E-MAIL				
MEETING				

Unit 5:

Shop 'til you drop

In this unit, Isabel goes shopping for food and you will practice buying things in Spanish.

Match Game

1. Recipe for success

Match each speciality with its essential ingredient.

1. paella	( )	a. huevo
2. flan	( )	b. ron
3. parrillada	( )	c. harina
4. churros	( )	d. vino
5. sangría	( )	e. maíz
6. gazpacho	( )	f. patata
7. tortilla española	( )	g. arroz
8. tortilla mexicana	( )	h. garbanzos
9. cocido	( )	i. tomate
10. cubalibre	( )	j. marisco

Talking Point

2. Market forces

Isabel is shopping with her daughter, Inés. Complete their conversation by choosing appropriate words to fill in the blanks.

Isabel   Primero tenemos que comprar algo para la comida. Vamos a este _____ porque aquí se vende de todo.

Inés   Es muy _____ porque hay muchos _____ bajo un techo.

Isabel   Quiero comprar algo _____ porque mañana Luis López viene a _____ .

Inés   ¿Quién? Ah, sí, el _____ del programa. ¿Viene solo o con alguien?

Isabel   No está casado – viene con su _____ que es muy _____ .

Inés   ¿Qué _____ preparar? ¿ _____ o pescado?

Isabel   No sé. Creo que _____ es vegetariana pero de todas formas _____ pescado.

Inés   Entonces aquí está la _____ ¿Vas a comprar pescado?

Isabel	Sí. (*Al tendero*) Quisiera _____ kilo de camarones por favor, y ¿ _____ merluza hoy?
Tendero	Sí, señora. ¿ _____ quiere?
Isabel	Un _____ por favor. Sí, muy bien, gracias.
Tendero	¿ _____ más?
Isabel	No, _____ más. Es todo.
Inés	¿Cómo _____ tu jefe?
Isabel	Me gusta. Tiene un buen _____ del humor y es muy _____ .
Inés	Tengo muchas _____ de conocerle. ¿Qué _____ es?, no tengo mi _____ .
Isabel	Ya son _____ doce y media. Están _____ cerrar.

Word Power ✪

3. Paying your way

Choose the appropriate word for the situation from the box.

> **impuestos   la devolución   un descuento**
> **una multa   a plazos   económico   rebajas   una subscripción**

1. Es un poco caro – ¿tiene algo más _____ ?
2. Soy estudiante. ¿Puede hacerme _____ ?
3. Este televisor me gusta. ¿Puedo pagar _____ ?
4. El viaje fue fatal. Exijo _____ de mi dinero.
5. Me gusta esta revista. Voy a sacar _____ .
6. Si aparcas aquí tendrás que pagar _____ .
7. Soy un turista extranjero. ¿Debo pagar _____ ?
8. Más vale comprarlo hoy porque hay _____ .

Language Focus ⊕

4. Get personal

Circle the correct personal pronoun or adjective.

1. Aquí está *mi mí me* casa.
2. Tengo un regalo para *ti tú te.*
3. *Mi mí* casa es *tu tú* casa.
4. A *nosotros nuestros* nos gusta el café.
5. Juan siempre habla para *él le sí mismo sigo.*
6. ¿Quieres venir al cine *conmigo contigo consigo*?
7. Tienes que hacerlo por *tu ti tú* mismo.
8. *Tu ti tú* mismo me lo dijiste.

Reading Corner

5. *In any color you like!*

Read the advertisement from *La Nación* and then correct the statements below.

La Nación

¡OFERTA DEL AÑO!

Triunfo 333

¡Ahora tú puedes tener el coche de tus sueños! Con el 333 modelo nuevo tú puedes elegir – al mismo precio – 5 ó 3 puertas. ¡Qué maravilla! ¿Cuál prefieres? ¿Gasolina o diesel? ¡Tú eliges! ¡Al mismo precio! ¡Qué dilema! Y no es todo. Si te decides antes del fin del mes el precio incluye hasta aire acondicionado gratis. ¡Vaya una oportunidad! Pero no dudes – esta oferta no es para siempre. Habla con tu concesionario antes de que cambiemos de opinión. Aun ofrecemos facilidades de pago a tipo de interés bajísimo. Sí, estamos locos, pero la locura dura sólo quince días más. Recuerda – esta oferta termina el próximo 31 de octubre. La oferta del año – quizá la oferta de tu vida. Sea cual sea la versión que prefieras – decídete ahora. Pronto será noviembre.

1. El modelo de cinco puertas cuesta más que el de tres.

   ----

2. Si quieres aire acondicionado tienes que pagar un suplemento.

   ----

3. La oferta dura hasta Navidad.

   ----

4. Si compras el coche debes estar loco.

   ----

5. Tienes que pagar el coche durante toda tu vida.

   ----

6. Sólo se ofrece este coche con motor de gasolina.

Write Here

6. Shopping list

Say what you need, where you'll go, and who you'll speak to.

Example: Necesito (x). Iré a la (y) y hablaré con el (z).

1. un par de zapatos
2. un kilo de zanahorias
3. un traje nuevo
4. un ramo de rosas
5. gasolina
6. aspirinas
7. pasta de dientes
8. un libro
9. tornillos
10. pasteles

Now say how much things cost.

Example: Las (x) cuestan veinte pesetas (el kilo).

1.
2.
3.
4.
5.
6.
7.
8.
9.
10.

Unit 6:

Hit the road!

In this unit, we'll talk about cars and driving as we check rules of spelling.

Match Game

1. Sign here!

Match the prohibition or instruction to the symbols

a. encienda luces
b. frene con motor
c. prohibido adelantar
d. prohibido girar
e. no se admiten perros
f. apagar motor

1. _ _ _ _ _ _ _ _ _

2. _ _ _ _ _ _ _ _ _

3. _ _ _ _ _ _ _ _ _

4. _ _ _ _ _ _ _ _ _

5. _ _ _ _ _ _ _ _ _

6. _ _ _ _ _ _ _ _ _

Talking Point 👄

2. One fine day

Isabel is late for a rehearsal but has promised to drop her son off on the way. Read the conversation and then select the correct answers to the questions below.

Isabel	Anda, chico. Ya es tarde.
Manuel	No hay problema, mamá. Tenemos bastante tiempo.
Isabel	Pero hay mucho tráfico y son las diez menos algo ya. Tengo que llegar a las diez y media.
Manuel	Puedes dejarme en la esquina de la calle Mayor. Necesito comprar un libro para el colegio.
Isabel	Pues, ¿cómo vas a volver a casa?
Manuel	A pie. No me gusta el transporte público – está muy concurrido a estas horas. Sólo tardaré una hora en llegar.
Isabel	Vamos por allá – así podemos evitar los embotellamientos en el Paseo de Colón.
Manuel	Buena idea. Casi no hay nadie.
Isabel	El coche anda muy bien. Acabo de recogerlo del taller.
Manuel	Mamá, ¡cuidado! Allá viene un policía.
Isabel	¡Dios! ¡Y quiere que pare!

Policía	Buenos días, señora. ¿Es éste su coche?
Isabel	Sí, es mío.
Policía	Usted iba demasiado rápido. Hay un límite, ¿no lo sabe?
Isabel	Lo siento, pero tengo una cita en TV Antena a las diez y media.
Policía	¿Es usted estrella de televisión?
Isabel	Sí – en *Día tras día*.
Policía	No me gustan nada las telenovelas. Además, esta calle es de una sola dirección.
Isabel	Estaba muy preocupada por la hora.
Policía	Se nota. Bueno, le pongo una multa. Puede pagar en seguida o quejarse en el ayuntamiento.
Isabel	¿No podría usted hacer la vista gorda? Normalmente conduzco bien.
Policía	En absoluto. Aquí ha habido muchos accidentes.

1. Isabel
   (a) tiene ganas
   (b) tiene prisa
   (c) tiene razón
   (d) tiene ilusión.

2. Está
   (a) preocupada por el tráfico
   (b) impaciente
   (c) atrasada
   (d) andando.

3. Manuel quiere
   (a) que le lleve al centro
   (b) que le compre un libro
   (c) que tomen el autobús
   (d) que le deje cerca del colegio.

4. Manuel quiere ir
   (a) al colegio
   (b) a casa
   (c) a la biblioteca
   (d) a la librería.

5. Manuel volverá a casa
   (a) tarde
   (b) por la tarde
   (c) más tarde
   (d) tardío.

6. Un policía
   (a) les detiene
   (b) lo dirige
   (c) la admira
   (d) les gusta.

7. Es un hombre
   (a) oficial
   (b) malhumorado
   (c) corrupto
   (d) simpático.

8. Isabel intenta
   (a) persuadir al policía
   (b) denunciar al policía
   (c) evitar un accidente
   (d) pagar una multa.

Word Power

3. Spare parts

1. lámpara
2. esto anuncia su presencia
3. sin esto, el coche no funciona
4. se usa para parar el coche
5. tiene cuatro
6. necesita aire
7. líquido imprescindible
8. se usa para guiar
9. la parte delantera

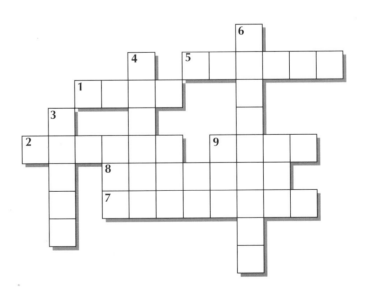

Language Focus ⊕

4. Magic spell

Make the expessions plural, checking spellings and accents.

1. el juez joven _____
2. el régimen opresivo _____
3. la habitación magnífica _____
4. el arpa armoniosa _____
5. un crimen atroz _____
6. un lápiz azul claro _____
7. una actriz feliz _____

5. Accentuate the positive!

Put the correct spelling:

1. El teatro _____ en el centro de _____ ciudad. *esta/está*
2. Yo no sé _____ hacer. *que/qué*
3. ¿Prefieres aquella revista o _____ ? *esta/ésta/está*
4. _____ que _____ habla español en España. *se/sé*
5. ¿ _____ gustaría más _____ ? *te/té*
6. ¿ _____ _____ tanto? Es que siempre tengo hambre. *como/cómo*

Reading Corner ▯

6. A fine mess!

A local paper reports this story from an disgruntled motorist. Write the conversation between the driver and the police officers involved.

La Voz del Pueblo

Cartas al director

…El 20 de agosto a las 1:30 PM horas, aparcaba mi coche en una calle y un guardia urbano me dijo que no podía dejarlo allí. Me dijo que unos metros más adelante podía esperar. Contesté que no debía porque era una zona de descargue y todavía quedaban quince minutos antes del fin de la prohibición, a lo cual me respondió que él era la autoridad y podría aparcar bajo su responsabilidad. Así lo hice, pero a las dos y media fui a recoger mi coche y tenía una multa de otro guardia. Hablé con ambos guardias y acordamos que yo escribiría al ayuntamiento y se me quitaría la multa. Dos meses después mi banco me comunicó que, a pesar de todo eso, me habían cobrado el importe de la multa …

Policía: _____

Conductor: _____

_____: _____

_____: _____

----------: --
----------: --
----------: --
----------: --

Write Here ✎

7. Make do and mend!

A number of things are not as they should be. Write suggestions to say what should be done to put matters right. You'll find some useful verbs in the box.

averiguar   barrer   calentar   encender
enchufar   limpiar   pegar   pintar   remendar
reparar   repasar   resolver   secar   solucionar

Example: La botella está vacía. ___Hay que llenarla.___ _____

1. El motor tiene un fallo. _____

2. Las ventanas están sucias. _____

3. La ropa está mojada. _____

4. Hay un agujero en mi suéter. _____

5. El patio está polvoriento. _____

6. El café está frío. _____

7. El problema es difícil. _____

8. El televisor está apagado. _____

9. La casa está en mal estado. _____

10. La estampilla no se adhiere al sobre. _____

Unit 7:

Here comes that feeling

In this unit, we will practice reporting events and consider ways of sensing things.

Match Game

1. Come to your senses!

Match the noun and verb to the part of the body.

1. el sonido	( )	a. tocar
2. el beso	( )	b. oler
3. el sabor	( )	c. querer
4. el amor	( )	d. ver
5. el tacto	( )	e. probar
6. la vista	( )	f. besar
7. el olor	( )	g. oír

Talking Point

2. This is your life

Isabel is a guest on a TV talk show. Read the conversation, and then complete the exercise on the next page.

Entrevistador   Señora Martínez, primero, ¿puede usted contarnos algo de su vida?

Isabel   Bueno, nací en un pueblo muy pequeño a unos ochenta kilómetros de la capital. Pasé mis años infantiles en el pueblo, estudié en la escuela, jugué con amigos y amigas, pensaba en mi futuro...

Entrevistador   ¿Siempre ha querido ser actriz?

Isabel   Desde hacía mucho tiempo soñaba con hacerme estrella de cine o de televisión. Un día desempeñaba un papel en un drama escolar y mi profesora me recomendó que siguiese una carrera profesional. Fui a una escuela de drama en la capital y después de mucho tiempo de solicitar una oportunidad, me ofrecieron un ensayo.

Entrevistador   ¿En una película?

Isabel   ¡Qué va! No, haciendo anuncios para un producto nuevo.

Entrevistador   ¿Qué le pareció ese trabajo?

Isabel	No era ideal, pero fue una manera muy buena de darme a conocer. Como resultado, recibí muchas ofertas.
Entrevistador	¿Recuerda bien su primera película?
Isabel	Prefiero no recordarla – era francamente mala. ¡Tuve que desempeñar el papel de una joven esposa que quería matar a su marido! Esperé hasta que una noche le puse algo en su bebida y le maté con una pistola. Fue un desastre.
Entrevistador	Ahora, usted es muy famosa y tiene un cambio de destino.
Isabel	Sí, *Día tras día* va a ser un verdadero triunfo. Debo trabajar mucho pero estoy segura de que tendré éxito.

Now retell Isabel's story to someone else:

Example: Isabel nació...

Word Power

3. To put it another way...

When recounting events, it is sometimes useful to use a different word. Match up the synonyms, as in the example.

aparcamento	coche
automóvil	distinto
cierto	furioso
comisaría	lento
cristal	parking
despacio	policía
diferente	robar
enojado	romper
letrero	seguro
llamar	señal
quebrantar	telefonear
quitar	ventana

Language Focus ⊕

4. I must be going!

This exercise practices ways of expressing obligation. Complete the sentences with appropriate expressions from the box.

1. No puedo salir esta noche. _____ estudiar.
2. _____ que hacer esto por mi jefe.
3. Juana no está en la oficina. _____ estar enferma.
4. Un día _____ de ser primer ministro.
5. Si sabe la verdad _____ confesarla.
6. Para llegar al centro _____ que seguir derecho.
7. ¿Se lo envuelvo, señora? No gracias, no _____ falta.
8. ¿Dónde está el dinero que me _____ ?
9. Es _____ obtener un billete en la entrada.
10. Aquí no _____ fumar.

> debe
> debe de
> debería
> debo
> ha
> hace
> hay
> preciso
> se debe
> tengo

Reading Corner 📖

5. Crossed lines

You overhear a conversation planning a crime. Tell the police what was being planned.

A. Tú, espera en la esquina mientras voy a la tienda.

B. Claro, no me muevo de allí. ¿Qué vas a hacer?

A. En cuanto entre voy a decirle al tendero que me dé el dinero. Le diré que tengo una pistola y que debe cumplir.

B. Pero, te reconocerá, ¿no?

A Me voy a cubrir la cara. Tengo una máscara y también me pondré un sombrero. Nada más fácil.

B. ¿Cómo nos escaparemos?

A En el coche, idiota. Tú tienes que estar listo con el motor en marcha. Luego nos vamos a todo gas. Después tendremos que separarnos. Tú irás a casa y yo me esconderé en el campo hasta que todo esté tranquilo.

B. Bueno – nos reuniremos mañana a las ocho…

Un hombre quería que... _____

_____

_____

_____

_____

_____

_____

_____

_____

Write Here ✎

6. Shangri-la?

You have been approached by your local town hall to write a short visitors' guide in Spanish. Sing the praises of your town and local area, including information about location, important buildings, places of interest, transportation, and any special facilities for visitors.

Unit 8:

Food for thought

In this unit, you will prepare a meal, review the subjunctive, practice commands, and deal with disasters!

Match Game

1. What do I need?

Match the utensil with the activity.

Se necesita un/una...para...

1. cacerola ( )		a. clavar
2. escoba ( )		b. freír
3. estufa ( )		c. secar
4. martillo ( )		d. cortar
5. navaja ( )		e. guisar
6. sartén ( )		f. barrer
7. sierra ( )		g. regar
8. toalla ( )		h. calentar
9. manguera ( )		i. afeitarse

Talking Point

2. If you can't stand the heat...

Isabel and Juan are in the kitchen. Read the conversation, and then complete the exercise that follows.

Juan   ¿Quieres que te ayude, querida?

Isabel   Sí, voy a preparar la comida para Luis y su novia.

Juan   Bueno, ¿quieres que corte las papas?

Isabel   Sí, hazlo mientras pongo la sartén en la cocina, pero ¡cuidado! el cuchillo está muy afilado. También necesito unas cebollas. Córtalas en pedazos muy finos.

Juan   No te preocupes. Soy experto en cocinar.

Isabel   A ver – una cucharita de aceite...

Juan   ¡Ay! ¡Me he cortado el dedo!

Isabel   Y echa sangre. ¡Idiota! ¡No manches la toalla! Vete al baño en seguida.

Juan   No es nada. No me grites.

Isabel   Pon el cuchillo en la mesa – te vas a cortar otra vez.

Juan   Huele a humo. ¿Qué pasa?

Isabel   ¡Ay! ¡La sartén! No – no la toques – el aceite está ardiendo. Llama a los bomberos. No – cubre la sartén con la toalla. Es posible que apague las llamas.

Juan   En seguida – ah – mira al gato. ¡Está comiéndose el pescado que ibas a freír. ¡Psst! ¡Sal de aquí! ¡Fuera!

Isabel	No lo espantes. Gatito, ven acá.
Juan	Querida – ¡has dejado abierto el grifo! Ciérralo – el agua sale y corre por el suelo.
Isabel	Hay alguien en la puerta. ¿Son los bomberos? No – son Luis y Teresa. ¿Qué vamos a hacer? ¡Piensa!
Juan	No llores, querida. Llama al restaurante y haz una reservación para todos. Ponte tu mejor vestido y pide un taxi. El incendio se ha apagado ya.

Circle the correct verb form.

1. Isabel quiere que Juan la ayude/ayuda.
2. Juan impide que Isabel prepara/prepare la comida.
3. Isabel le dice que corta/corte las patatas.
4. Isabel le pide a Juan que lo haga mientras caliente/calienta el aceite.
5. Juan espera que Isabel no se preocupa/preocupe.
6. La receta requiere que se añade/añada un poco de aceite.
7. Isabel aconseja que Juan tiene/tenga cuidado.
8. A Isabel no le gusta que Juan le grita/grite al gato.
9. Juan sugiere que Isabel cierre/cierra el grifo.
10. Juan prefiere que salgan/salen todos a un restaurante.

Word Power ⚑

3. Scrambled eggs!

Unscramble the cities and put them on the map.

1. RACASCA
2. SNOTAGIA
3. EUSNOB SERIA
4. OTAGOB
5. TEVEONOMID
6. ITOUQ
7. MAIL
8. UNIONSAC
9. AL ZAP

Language Focus ⊕

4. I'm at your command!

Change these requests to true commands, and then change your mind. Use object pronouns where possible.

Example: ¿Quieres enchufar la aspiradora? – *Enchúfala. No, no la enchufes.*

1. ¿Quiere usted mostrarme la receta? _____

2. ¿Quieres cerrar el grifo? _____

3. Tenga la bondad de cortar las patatas. _____

4. ¿Me haces el favor de abrir el paquete? _____

5. ¿Me vas a ayudar? _____

6. ¿Queréis callaros? _____

7. No me gusta que comáis el pescado. _____

8. ¿Me hacen el favor de no fumar el tabaco? _____

9. Vamos a comer el pescado. _____

5. Softening the blow

Make these commands less abrupt by completing the sentence with an infinitive.

Example: Tráigame más pan. ¿Quiere usted *traerme más pan?* _____

1. Pon un litro de aceite. ¿Quieres _____?

2. Hable más despacio. ¿Me hace el favor de _____?

3. No fume en la cocina. ¿Tenga la bondad de _____?

4. Traiga la cuenta. ¿Podría usted _____?

5. Muéstreme la receta. Haga el favor de _____?

6. Cambie estos pesos en dólares. ¿Puede _____?

7. Traduzca ese aviso al inglés. ¿Podría _____?

8. Llame un taxi. ¿Quiere usted _____?

9. Dígame dónde está el banco. ¿Puede _____?

10. Acompáñenme al restaurante. ¿Quieren ustedes _____?

Reading Corner 📖

6. Whatever the weather

In which province:

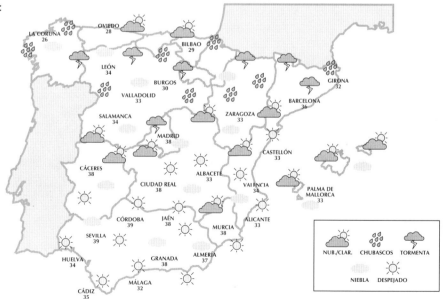

1. brisas del mar; buen tiempo; treinta y ocho grados; despejado _____

35

2. mal tiempo; lluvia; veinteséis grados _____

3. variable; dieciséis grados; veintiocho máximo _____

4. tormenta; máximo de treinta y ocho grados _____

5. niebla; treinta y tres máximo; quince mínimo _____

6. lluvia; temperaturas altas; noroeste _____

7. muchísimo calor; sin lluvia; temperaturas máximas del país _____

8. variable; variación de doce grados; frontera _____

Write Here ✎

7. Tasty dish

This recipe uses infinitives for commands.
Rewrite the instructions using (1) polite (2)
familiar commands.

1. _____

_____

_____

_____

_____

_____

_____

_____

_____

_____

2. _____

_____

_____

_____

_____

_____

_____

_____

_____

Huevos escoceses

Alistar huevos, carne de cerdo o ternera picada, perejil, sal, pimienta, zumo de limón y harina.

Cocer los huevos, enfriarlos y pelarlos. Amasar la carne. Picar el perejil. Mezclar perejil, sal, pimienta y zumo de limón y añadir a la carne. Trabajar la mezcla bien. Envolver cada huevo en un poco de carne. Apretarlo bien con la mano. Batir un huevo. Pasar los huevos por harina y por huevo batido. Freír los huevos y servirlos con ensalada.

25

Unit 9:

Don't just sit there!

In this unit, you will look at sports and other activities and practice ways of doing things.

Match Game

1. Anyone for tennis?

Match the activity with the appropriate place or equipment.

1. el tenis	( )	a. el estadio
2. el fútbol	( )	b. la piscina
3. la equitación	( )	c. el gimnasio
4. la natación	( )	d. el parque
5. el baloncesto	( )	e. la cancha
6. la pelota vasca	( )	f. el frontón
7. la lucha libre	( )	g. el campo
8. el voleibol	( )	h. la cuadra
9. el golf	( )	i. la red
10. el footing	( )	j. el cuadrilátero

Talking Point

2. Keeping trim

Isabel is talking to her daughter, who is feeling bored. Read the conversation and then answer the questions.

Inés   Mamá, vamos de tiendas. Me aburro aquí en la casa.

Isabel   No puedo. Tengo que ir al centro. Voy al polideportivo – después de la comida de ayer necesito hacer un poco de ejercicio. No quiero engordar.

Inés   A mí no me gustan demasiado los deportes.

Isabel   Para mí es una cuestión de necesidad – me gusta mantenerme en forma.

Inés   ¿Qué haces en el polideportivo?

Isabel   No mucho, suelo hacer unos ejercicios aeróbicos – hay un grupo que se reúne ahí dos veces a la semana. ¿Por qué no vienes conmigo?

Inés   Ojalá tuviera tu fuerza de voluntad. No tengo la ropa adecuada.

Isabel	Te puedo prestar algo – una sudadera o un pantalón ligero – o si quieres un pijama. Necesitas algo ligero. Y también una toalla para ducharte después.
Inés	Pero no soy miembro del club. ¿Me van a dejar entrar?
Isabel	Claro – serás mi invitada. También hay otras muchas posibilidades – toda clase de deportes además de una piscina climatizada. Puedes ingresar si quieres.
Inés	Pues, no sé. Depende del precio. A lo mejor hago footing – ¡no cuesta nada en el parque!

1. ¿Dónde están Isabel e Inés? _____

2. ¿Por qué necesita Isabel hacer los ejercicios? _____

3. ¿Por qué hace los ejercicios aeróbicos? _____

4. ¿Con qué frecuencia hay sesiones? _____

5. ¿Por qué duda Inés en acompañar a su madre? _____

6. ¿Qué ropa se utiliza para hacer ejercicio? _____

7. ¿Por qué se necesita una toalla? _____

8. ¿Por qué se llama "polideportivo"? _____

Word Power ᵂ

3. Hot or cold?

Supply the appropriate words from the box.

1. ¡Cuidado! Esta sopa está muy _____ .
2. Inés tenía _____ así que se puso un suéter.
3. Me gusta la comida india porque es muy _____ .
4. En América se sirve la cerveza muy _____ .
5. Hace mucho _____ en España en el verano.
6. El hielo es _____ .
7. Me dio un abrazo _____ .
8. Ecuador es un país _____ .

| calor |
| caliente |
| caluroso |
| cálido |
| picante |
| frío |
| fría |
| frío |

Language Focus ⊕

4. Por or para?

1. Isabel prepara una comida _____ Luis.
2. Le ofrecieron mil dólares _____ el cuadro.
3. Isabel e Inés salieron _____ la mañana.
4. Isabel fue al mercado _____ pescado.
5. El tren sale _____ Madrid a las diez.
6. No podemos jugar al tenis _____ la lluvia.
7. Necesito un neumático _____ mi coche.
8. Tuvo que pagar una multa _____ su infracción.
9. ¿Dónde está la ropa _____ lavar?
10. Isabel fue al mercado _____ comprar pescado.

Reading Corner

5. Food for thought

Read this article and then answer the questions.

En algunos países de Latino-América, comprar un libro puede costar el salario de diez días.

Aquí está un ejemplo del enorme esfuerzo económico que deben hacer muchos latino-americanos para comprar un libro: una novela de un autor muy popular fue utilizada como punto de referencia para hacer una investigación en quince países.

Las conclusiones son sorprendentes: el precio de venta representa hasta el 14,9 por ciento del salario mínimo latinoamericano.

En Alemania, por ejemplo, corresponde sólo al 3 por ciento.

El precio también es más caro en América Latina aunque se gana más en Europa.

En algunos países la lectura se convierte en un hecho de gran sacrificio: un ecuatoriano, por ejemplo, que quiere comprar esta misma novela debe gastar poco menos que el 40 por ciento de su salario mínimo.

Which is the appropriate word?

1. Un libro es un _____ en muchos países. *lujo/privilegio*
2. Un lector debe ser _____ . *entusiasta/investigador*
3. Como ejemplo se usa como _____ una novela. *base/autor*
4. Estas conclusiones son el resultado de _____ . *un cuestionario/una encuesta*
5. Los investigadores recibieron _____ . *una sorpresa/un susto*
6. El precio de un libro puede _____ el 14,9 por ciento del salario. *superar/alcanzar*
7. En términos reales el precio es más _____ en Alemania. *económico/costoso*
8. Para comprar un libro un ecuatoriano debe _____ dinero. *ahorrar/gastar*

Write Here

6. Look on the bright side

Your pessimistic friend says an activity is not possible. Suggest something positive to cheer him or her up.

Example: Está lloviendo (paraguas)   *Sí, pero tenemos paraguas.* ----------

1. No hay azúcar para el café. (engordar)   ----------

2. El profesor está enfermo hoy. (repaso)   ----------

3. He olvidado mi dinero. (prestar)   ----------

4. Me he roto el brazo. (escribir)   ----------

5. Hay una fila grande fuera del cine. (entradas)   ----------

6. Mi salario ha bajado. (impuestos)   ----------

7. Mi novia se ha marchado con otro chico. (fea)   ----------

8. He olvidado echar esta carta. (recolección)   ----------

9. Me han quitado la cartera. (cheques de viaje)   ----------

10. Alguien ha dañado mi coche. (asegurado)   ----------

Unit 10: _____
We need a vacation

In this unit we look at traveling, languages, and countries.

Match Game 🧩
1. Two tickets, please

Match the two parts of the phrase or sentence.

1. un billete
2. el tren sale
3. el avión
4. es más barato comprar
5. por favor, abróchense
6. antes de pasar a la sala de espera
7. su salvavidas
8. quiere llenar el depósito
9. no olvide revisar
10. coches

( ) a. los cinturones de seguridad
( ) b. con gasolina sin plomo
( ) c. un bonobús
( ) d. el aceite y la batería
( ) e. de alquiler
( ) f. de ida y vuelta
( ) g. aterrizó a tiempo
( ) h. hay que facturar el equipaje
( ) i. del andén de enfrente
( ) j. está debajo de su asiento

Talking Point 👄
2. Time for a change

Isabel has decided she needs a short break. Read the conversation, and then choose the correct answer to the questions below.

Isabel   ¡Buenos días! ¿Viajes Aymar?

Empleado   Sí. Dígame.

Isabel   Quisiera pasar unos días o cerca del mar o en la sierra. ¿Qué me recomienda?

Empleado   Depende de la fecha. ¿Cuándo piensa usted salir?

Isabel   Probablemente a fines del mes. Mi esposo y yo tenemos unos días libres.

Empleado   Si ustedes pueden esperar hasta el mes siguiente los precios son más bajos porque habrá terminado la temporada alta. También hay algunas gangas en los cruceros, si le interesan.

Isabel   No me gustan los barcos – me mareo fácilmente. ¿Qué otras posibilidades hay?

Empleado	Será mejor la costa, entonces. Habrá nieve en las montañas y no se puede contar con el clima.
Isabel	En fin, la costa.
Empleado	Tenemos contactos con un hotel pequeño que ofrece precios muy ventajosos con todo incluido.
Isabel	¿El viaje también?
Empleado	Sí, hay un vuelo cada día o, si prefiere, podemos ofrecerle el viaje en tren. Si ustedes pueden viajar durante la semana hay un descuento del diez por ciento.
Isabel	Vale. Saldremos el miércoles 5 y volveremos una semana después si es posible.
Empleado	Les mando un folleto del hotel y una hoja que tienen que rellenar para confirmar la reserva. Si quiere pagar con tarjeta de crédito tiene que indicarlo en la hoja.
Isabel	Bueno, en seguida se la devuelvo. No voy a decirle nada a mi marido porque quiero darle un sorpresa para su cumpleaños.

1. Isabel quiere
   (a) un cambio de rutina
   (b) esquiar
   (c) recomendar algo
   (d) visitar la playa.

2. Telefonea para
   (a) reservar una habitación
   (b) averiguar las posibilidades
   (c) hablar con su marido
   (d) saber la fecha.

3. El mes siguiente
   (a) hay menos gente
   (b) el clima es diferente
   (c) hay niebla en las montañas
   (d) es más económico.

4. Entonces
   (a) La agencia incluye la comida
   (b) no es posible ir en tren
   (c) el tiempo varía mucho en la sierra
   (d) a Isabel no le gusta ir en avión.

5. También
   (a) hay vuelos cotidianos
   (b) no es posible ir en tren
   (c) el viaje es suplementario
   (d) hace calor en la costa.

6. Según el empleado
   (a) no hay vuelos los miércoles
   (b) cuesta más volar los fines de semana
   (c) es necesario pasar una semana entera
   (d) el día cinco es festivo.

7. Isabel debe
   (a) mandar un folleto
   (b) pagar con tarjeta de crédito
   (c) devolver una hoja
   (d) rellenar el folleto.

8. Isabel va a
   (a) confirmarlo con su marido
   (b) organizar el viaje ella misma
   (c) nadar con su marido
   (d) recibir una sorpresa de su marido.

Word Power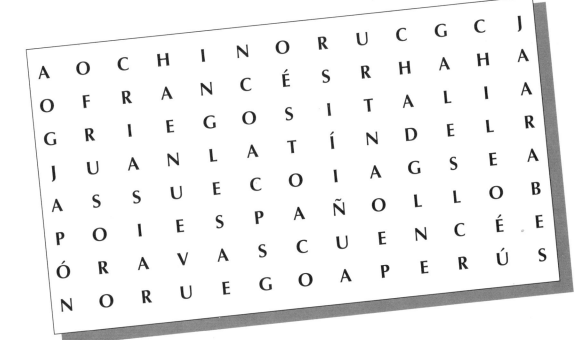

3. Places and languages

Find as many as possible in this *sopa de letras*.

sueco, francés, español, chino, griego, latín, ruso, inglés, vascuence, noruego, Italia, Japón, árabe, Chile, Gales, Perú, Goa, Asia, Chad

```
A O C H I N O R U C G C J
O F R A N C É S R H A H A
G R I E G O S I T A L I A
J U A N L A T Í N D E L R
A S S U E C O I A G S E A
P O I E S P A Ñ O L L O B
Ó R A V A S C U E N C É E
N O R U E G O A P E R Ú S
```

Language Focus ⊕

4. Let's get moving!

Practice verbs of motion by filling in the correct tense of the verbs from the box.

1. Ayer Isabel _____ por la escalera al techo.
2. Inés y Manuel _____ a la planta baja poco después.
3. Pasaron la mañana _____ en la piscina.
4. Anoche Luis _____ a visitar a su amiga.
5. El ladrón se escapó _____ por la calle.
6. ¿Qué hora es? – mi reloj no _____ .
7. Los policías _____ en la casa sin llamar.
8. Y _____ poco después.
9. ¿Puedes _____ a verme hoy?
10. Inés – ¡teléfono! Ya _____ , mamá.

bajar
subir
nadar
ir
venir
entrar
salir
correr
andar
ir

Reading Corner 📖

5. Seasoned travelers

When would you advise the following people to take their vacation?

1. Luis likes decent weather, hates crowds, is not bothered about swimming.

   ----

2. Ana is fond of swimming, can't travel in summer, can book in advance.

   ----

3. Teresa likes skiing, cannot go in summer, likes luxury.

   ----

4. Pedro doesn't care about the weather, hates crowds, wants a cheap vacation, but cannot go in winter.

   ----

5. Pilar cannot book in advance, hates crowds, likes luxury, and wants to combine time in the city with some skiing.

En verano hace mucho calor en la ciudad.

En primavera no hace frío en la costa.

En invierno llueve mucho en el interior.

En otoño hay bastante nieve en las montañas.

En primavera no es posible esquiar en las montañas pero todavía es caro.

En primavera no es posible nadar en la costa.

En otoño hace buen tiempo en la ciudad.

En invierno las playas están desiertas.

En verano los precios son bajos en la ciudad.

En primavera hay poca gente en la costa.

En invierno el único hotel de lujo está cerrado.

En otoño es muy difícil conseguir reservas de último momento.

En invierno mucha gente visita la ciudad.

Write Here ✏️

6. Postcard home

Send a card in Spanish and include:

1. where you are
2. for how long
3. who you are with
4. your impressions of the place
5. main attractions
6. main shortcomings
7. a pleasant experience
8. a less pleasant activity
9. when you are coming home
10. regards, etc. to the family.

Unit 11:

In the hotel

In this unit, you will learn more about adjectives and practice descriptions.

Match Game

1. Wherever I lay my head

Which is the best option for the different people?

a. Luisa y Mariluz son estudiantes. Tienen bicicletas pero no tienen mucho dinero. Quieren alojamiento económico para la noche. No les importa de qué tipo. _____

b. Juana y Raúl son estudiantes y tienen tarjeta de identidad. Aunque tienen dinero, no quieren gastarlo sin necesidad. Son bastante flexibles en sus posibilidades. _____

c. Los señores Johnson son extranjeros que visitan el país por primera vez. Quieren alojamiento bastante cómodo. No les importa demasiado el precio pero quieren aprender algo de la cultura o historia del país. Tienen coche. _____

d. El señor González es hombre de negocios. Necesita pasar un par de días en otra ciudad, sin coche. Quiere alojamiento cómodo, conveniente y no demasiado costoso. _____

e. Alberto acaba de llegar a una ciudad que no conoce. Tiene un nuevo empleo pero necesita alojamiento mientras busque un piso o algo más permanente. Prefiere algo bastante económico con la posibilidad de comida también. _____

1.

2.

3.

4.

5.

Talking Point 👄

2. Who was that lady I saw you with?

Isabel and Juan are strolling along the beach when they come across someone they know. Complete the missing parts of the dialogue.

Isabel   ¡Luis! ¿Qué hace usted aquí?

Luis   ¡Isabel! ¡Qué sorpresa! _____

Isabel   Mucho gusto, Ana. Pero, Luis, ¿no está aquí su novia?

Luis   No, pero _____

Isabel   Comprendo. ¿Dónde está ahora?

Luis   _____

Isabel   ¡Qué lástima! Pero es muy guapa su compañera.

Luis   Pues sí, pero _____

Isabel   No tiene usted que explicar nada. Soy muy discreta.

Luis   Gracias. No diga nada a nadie porque _____

Isabel   Entendido. Pero me sorprendí mucho al verles.

Luis   No me extraña. _____

Now practice the use of adjectives by circling the correct one.

1. Isabel recibió   *una gran sorpresa / una sorpresa grande.*
2. Luis estaba con   *una nueva chica / una chica nueva.*
3. Teresa estaba   *mal / mala.*
4. Isabel parecía   *avergonzada / confusa.*
5. El *pobre Luis / Luis pobre* no sabía qué decir.
6. Su *antigua novia / novia antigua* no estaba con él.
7. Isabel tiene *cierta discreción / discreción cierta.*
8. La *buena de Isabel / Isabel buena* no dirá nada.

Word Power 🐛

3. Natural partners

Link each noun with an adjective.

> agua aplicado beca centro coche cocina deportivo descapotable
> eléctrica valenciana estudiante oloroso paella película plato
> emocionante potable rico universitaria vino

Language Focus ⊕

4. What have you done?

Practice compound tenses with *haber* by adding the correct past participle.

1. Idiota – has _____ la ventana.
2. Teresa ha _____ una carta a su jefe.
3. Isabel ya ha _____ con Luis de los problemas.
4. Luis no le había _____ toda la verdad.
5. Isabel se había _____ nerviosa al verles.
6. Pero había _____ no decir nada.
7. Después de una semana habrán _____ a casa.
8. Ahora se han _____ buenos amigos.

Reading Corner ⫐

5. Getting the message

Supply the missing words in this article about the communications revolution.
You will find all the words you need in the box below.

Las comunicaciones se ___ revolucionado en los _____ años. Hace tiempo la _____ manera que la gente _____ tenía de comunicarse entre sí era por _____. Si se trataba de otros países el intercambio de _____ era poco _____. Más recientemente, el _____ se ha convertido en el principal medio para _____ en contacto con los _____ o la familia, pero todavía el mundo _____ sigue _____ escribir. En los _____ años sin embargo, hemos visto la _____ del fax y otros _____ que resultan de la industria _____. Pronto todos nos comunicaremos por _____.

---

amigos   carta   comercial   electrónica   han   información   inmediato

métodos   noventa   computadora   ordinaria   ponerse   popularidad

prefiriendo   teléfono   últimos   única

Write Here ⚑

6. Heartbreak Hotel

Complete the questionnaire left in your hotel room. Try to include one compliment and one complaint under each heading.

Recepción:

....

Personal:

....

Condición de su habitación:

....

Temperatura y acondicionamiento del aire:

....

Cuarto de baño:

....

Servicio de habitación:

....

Comedor:

....

Arreglo de cuentas:

....

Otras sugerencias:

....

• *GRACIAS POR SU VISITA* •

Unit 12:

Review

Unit 12 gives you a chance to review the points in Units 1-11.

1. Which is the right word?

1. Una botella de vino   *tinto / rojo.*
2. Mi   *nombre / apellido*   es López.
3. Trabajo   *por / en*   la mañana.
4. Me gusta   *ver / mirar*   la televisión.
5. Prefiero   *oír / escuchar*   la radio.
6. *Busco / miro*   esta casa – no la encuentro.
7. Un kilo de   *pez / pescado,*   por favor.
8. Quiero   *comprar / vender*   esto. ¿Cuánto es?
9. La oficina está en   *la esquina / el rincón*   de la calle.
10. Doble *a la derecha / al derecho.*

2. Which is the correct preposition: a, en *or* de*?*

1. Voy _____ España.
2. Vivimos _____ México
3. Salimos _____ casa temprano.
4. ¿ _____ quién es este coche?
5. Entramos _____ la cocina.
6. La comida consta _____ cuatro platos.
7. El precio depende _____ la calidad.
8. Isabel fue la primera _____ llegar.
9. El programa empieza _____ las siete.
10. Nos acostamos a las once _____ la noche.

3. Take five

Fill in the appropriate Spanish words for *to take.*

1. Yo no _____ mi café con azúcar.
2. Voy a _____ a mi familia al cine.
3. ¿Necesitas _____ dinero del banco?
4. Isabel está en el jardín _____ flores.
5. Trabajo demasiado. No puedo _____ más.

4. Ser *or* estar?

Complete these sentences.

1. Isabel y Luis _____ colegas.
2. Isabel y Juan _____ casados.
3. El trabajo de Isabel _____ exigente.
4. Normalmente Luis _____ un hombre simpático.
5. Pero hoy _____ malhumorado.
6. Tienen que marcharse porque ya _____ las once.
7. El cumpleaños de Inés _____ el trece de marzo.
8. ¿Tienes un vestido nuevo? ¡Qué guapa _____ !
9. Me gusta tu hermana – _____ muy guapa.
10. El comedor _____ al final del pasillo.

5. Missing link

Join the expressions with suitable link words.

1. Luis es inteligente _____ simpático.
2. Juan está en la oficina _____ se siente enfermo hoy.
3. ¿Es usted Juan _____ Luis?
4. Llevamos siete _____ ocho meses aquí.
5. Isabel _____ Inés fueron al mercado.
6. Esto no es vino _____ cerveza.
7. Voy a hacerlo _____ tus protestas.
8. Podemos ir al teatro _____ quieres.

6. Language stew

Choose words from the box to complete this passage.

> actriz casado e estar gusta hombre ir llama marido
> nada nadie novia otra papel pasaron prometió realizador
> recibió semana serie y tras trabaja oficina hijos

Isabel es una _____ famosa. Recientemente _____ la oferta de un _____ en una _____ nueva que se _____ *Día* _____ día.

El _____ del programa es Luis López que es un _____ simpático. No está _____ pero tiene una _____ . El _____ de Isabel es Juan y _____ en una _____ . Isabel _____ Juan tienen dos _____ . A Juan no le _____ mucho su trabajo, prefiere _____ en casa.

Juan _____ Isabel decidieron _____ a la costa y _____ una _____ allí. Un día se encontraron a Luis con _____ chica. Isabel estaba un poco confusa pero _____ no decir _____ a _____ .

Unit 13: _____

Future perfect

This unit deals with calendars and diaries and practices talking about the future.

Match Game

1. It's a date!

Match the calendar date with the *fiesta*.

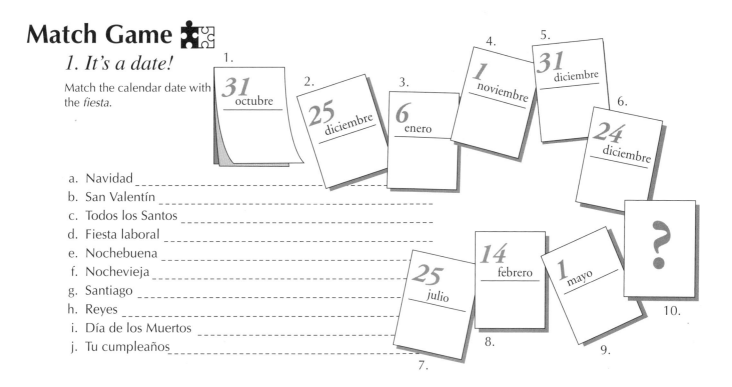

a. Navidad _____

b. San Valentín _____

c. Todos los Santos _____

d. Fiesta laboral _____

e. Nochebuena _____

f. Nochevieja _____

g. Santiago _____

h. Reyes _____

i. Día de los Muertos _____

j. Tu cumpleaños _____

Talking Point

2. What's that you say?

Isabel is on the phone trying to make plans, but the line is so bad Juan has to ask her to repeat everything. Complete his part of the dialogue.

Isabel Oye, Juan, tenemos que comparar nuestras agendas.

Juan ¿Qué dices? *¿Tendremos que comparar nuestras agendas?* _____

Isabel Sí, porque voy a tener una semana complicadísima.

Juan ¿Qué? _____

Isabel Voy a estar muy ocupada.

Juan ¿Estás diciendo que _____

Isabel Debo hacer mucho.

Juan	¿Por qué _____
Isabel	Vamos a grabar tres programas para la serie.
Juan	¿Cuántos _____
Isabel	Tres. ¿No vas a ayudarme?
Juan	¿Que si _____
Isabel	Primero, me reúno con Luis a las ocho.
Juan	¿A qué hora _____
Isabel	A las ocho. Luego vamos a hablar con el periódico.
Juan	¿Dime? _____
Isabel	Exacto. Y a mediodía hay una entrevista con el jefe de la compañía.
Juan	¿_____ con quién?
Isabel	El jefe. Tenemos que decirle nuestros planes para los próximos episodios.
Juan	¿Por qué _____
Isabel	Necesitamos más dinero para seguir grabando.
Juan	¿Cómo es posible que _____
Isabel	La serie va a costar más de lo que habíamos pensado.
Juan	No entiendo por qué _____
Isabel	Te lo explico todo. Mira Juan, la línea está muy mala. Vamos a hablar más tarde. Te veré a las ocho.
Juan	¿Cuándo _____
Isabel	A las ocho. Tenemos que resolver un problema.
Juan	Que _____
Isabel	No te oigo bien. Hasta luego, querido.

Word Power ꙮ

3. Vice or virtue?

Make nouns from these adjectives.

1. triste _____
2. alegre _____
3. simpático _____
4. amistoso _____
5. virtuoso _____
6. lujoso _____

7. fácil _____
8. hermoso _____
9. orgulloso _____
10. vergonzoso _____
11. feo _____
12. sencillo _____

Language Focus ⊕

4. The future's bright

Change these expressions to the true future.

Example: Isabel va a ser una buena actriz. _Isabel será una buena actriz._ _____

1. Mañana va a ser buen día. _____

2. Mis padres piensan visitar Méjico el año que viene. _____

3. Juan quiere venir mañana. _____

4. Tenemos intención de salir el viernes. _____

5. Para la fiesta Mamá va a hacer una torta especial. _____

6. Normalmente dice la verdad, pero en la reunión no la va a decir. _____

7. Pero si pregunto, nadie quiere contestar. _____

8. ¿Pensáis poner el televisor? _____

9. Vamos a ir al cine. _____

10. ¿Va a poder terminarlo a tiempo? _____

Reading Corner

5. *It's written in the stars*

Who should be lucky or unlucky?

Who should:

1. have an unexpected expense?

   _____

2. undertake something previously rejected?

   _____

3. have a better social life?

   _____

4. have the support of relatives?

   _____

5. adopt a partner's ideas?

   _____

6. be lucky in love?

   _____

7. stop working and get out more?

   _____

TAURO
Tus planes serán alterados por las iniciativas de tu pareja. No te pongas a la defensiva porque su intervención te beneficiará.

VIRGO
Sal de tu retiro y relaciónate con los demás. No pases todo el día trabajando o estudiando.

GÉMINIS
Jornada de victorias amorosas – déjate guiar por tus impulsos. Tu magnetismo personal rendirá bien.

LIBRA
En el amor tendrás algunos problemas. Confía en tus familiares porque te ayudarán.

CÁNCER
Mal día para el dinero. No compres ningún artículo de gran valor porque vas a recibir una cuenta inesperada.

ESCORPIO
Buen momento para defender una causa por perdida que sea. Día negro para asuntos financieros.

LEO
Acepta las posibilidades de una vida social porque te enriquecerán. Recibirás oportunidades para nuevas amistades beneficiosas.

SAGITARIO
Quédate en casa hoy. Día problemático para el amor y el dinero. Mejor termina esos quehaceres que has olvidado hacer.

Write Here

6. Turn over a new leaf!

It's New Year's Eve and you are determined you will do or achieve something in the New Year. Write sentences using the future tense to make a resolution under each heading.

casa: _____

_____

dinero: _____

_____

amigos: _____

_____

familia: _____

_____

recreo: _____

_____

dieta: _____

_____

vacaciones: _____

_____

estudios: _____

_____

viajes: _____

_____

carácter personal: _____

_____

Unit 14:

Opposites attract

In this unit, we practice likes and dislikes and talk about people.

Match Game

1. You've got what I'm looking for!

Match each advertiser with a suitable respondent from amongst the other advertisers.

1.

Me llamo Roberto, vivo en Málaga. Quiero conocer a chicos o chicas. Mis intereses son la lectura, el cine y el teatro.

2.

¡Hola! Soy Maribel, estudiante de veintidós años. Necesito ayuda en mis investigaciones de literatura.

3.

Compramos coches, todas marcas, buenos precios. Hmnos. López, Plaza Ganivet.

4.

Caballero profesional, adinerado, desea hacer amistades con señora madura y simpática; posibilidad de casarse.

5.

Jubilado inglés, vuelve a Inglaterra, vende casa, automóvil, muebles. Información: Smith, 781 43 34.

6.

Chica universitaria, 20 años, necesita trabajo temporal, horas flexibles. Carmen, 781 22 36.

7.

Profesor joven, licenciado en letras y filosofía, da clases particulares.

781 76 85.

8.

Viuda sin familia/ hijos busca hombre ameno y cariñoso. Casilla 567.

9.

Se buscan dependientes, horas parciales, temporada. Razón: Almacenes Milagro, Avda Victoria 24.

10.

Agencia Nuevos Amigos – tenemos clientes que buscan a alquien como tú. Máxima discreción. Llámanos ahora: 741 66 33.

Talking Point 👄

2. Gossip column

Luis is talking to a friend about mutual acquaintances. Read the conversation, then complete the exercise below.

Roberto   Acabo de hablar con el jefe. ¡Qué hombre más desagradable! No me gusta nada su carácter.

Luis   Sí, yo también le tengo poca simpatía. Pero el jefe de mi esposa me parece un hombre más agradable – parece ser muy popular con las mujeres – ¡siempre tiene una en el brazo!

Roberto   ¿Qué te parece nuestro colega Rodríguez? Creo que va a jubilarse pronto.

Luis   Sí, le echaré de menos – siempre está listo a ayudarle a uno, es muy trabajador y al mismo tiempo seguro. Sin embargo creo que Rodríguez y nuestro jefe no se entienden bien.

Roberto   ¿No? Pero los dos son miembros del mismo club deportivo y practican los mismos deportes.

Luis   No sé – pero ¿has visto a su nueva secretaria?

Roberto   ¡Sí! ¡Qué chica más atractiva! No sé cómo puede aguantar al jefe – si le grita ella sólo le sonríe.

Luis   ¿Conoces a su novio? Es el joven que trabaja en el departamento de comercialización. Antes salía con la recepcionista – creo que ahora hay cierta frialdad entre éstos dos.

Roberto   Lo puedo creer. Pero ella ya sale con Miguelín, el ex novio de Ángela, la antigua secretaria del jefe.

Luis   ¡Qué vida más complicada! Pero ¿cómo está tu amiga Paulina? Hace tiempo que no la veo.

Roberto   ¿No sabías? Ya no salimos. Ella decidió que prefería a González – mi mejor amigo – que se trasladó a la oficina en Buenos Aires.

Luis   Entonces, tenemos que buscarte otra novia. A ver, ¿quién puede ser...?

Correct these statements as necessary:

1. El jefe no parece ser un hombre muy popular.

    ----

2. Luis y Roberto no se llevan bien.

    ----

3. El jefe de Isabel es mujeriego.

    ----

4. Rodríguez va a dejar la compañía.

    ----

5. A Luis le cae bien Rodríguez.

    ----

6. El jefe y Rodríguez son buenos amigos.

    ----

7. El jefe y Rodríguez tienen los mismos intereses.

    ----

8. La secretaria parece estar afectada por el jefe.

----

9. La recepcionista y la secretaria se llevan bien.

----

10. Angela era buena amiga de Roberto.

----

11. Luis tiene una vida complicadísima.

Word Power 🜚

3. A slice of the action

Give the noun for the person doing the activity.

1. ajedrez _____
2. actuar _____
3. fútbol _____
4. cocinar _____
5. enseñar _____
6. reinar _____
7. médico _____
8. escribir _____
9. leer _____
10. cine _____
11. toreo _____
12. realizar _____

Language Focus ⊕

4. Idioms with echar

Complete the sentence with the appropriate idiom from the box.

1. ¿Dónde está Ana? – Le echo _____ .
2. ¿Te echo _____ ? – Sí, con un poco de azúcar.
3. La niña se echó a _____ .
4. Después de comer me gusta echar _____ .
5. Tengo que echar _____ pero no tengo sellos.
6. Si quieres casarte tienes que echarte _____ .
7. Por allí es más lejos – echemos _____ .
8. Le echo _____ al gobierno del desastre.
9. Le echaron _____ por sus acciones.
10. Estaba tan cansado que se echó _____ .

a. por aquí
b. de menos
c. una siesta
d. la culpa
e. café
f. del club
g. en el suelo
h. reír
i. una novia
j. la carta

Reading Corner

5. For better or worse

Read this article about marriage, then decide if the statements that follow are true or false.

En los últimos cinco años la tasa de nupcialidad en la Comunidad Europea ha bajado a 5,9 por ciento. En 1960 la cifra fue 7,8 por ciento. La edad de la primera boda, como promedio, ahora es 27,3 años para los hombres y 25 para las mujeres, comparada con 25,6 y 23 años respectivamente hace veinte años. En Dinamarca todavía esperan más, ellos rozando la treintena y ellas con 27,4 años. En Grecia están las novias más jóvenes, con 23,5 años de edad media. En España, la edad media de los hombres al casarse es 26,7 años, y la de las mujeres 24,5.

1. Los europeos se casan ahora más que antes.   *Verdadero/falso*

2. Los europeos se casan a una edad más tardía que antes.   *Verdadero/falso*

3. Los hombres al casarse son mayores que las mujeres.   *Verdadero/falso*

4. Las cifras no han bajado en los últimos años.   *Verdadero/falso*

5. En Dinamarca el treinta por ciento de los novios se casan.   *Verdadero/falso*

6. En Grecia la gente se casa más joven.   *Verdadero/falso*

7. En España los hombres se casan con mujeres mayores.   *Verdadero/falso*

8. En la Comunidad Europea hay que pagar un impuesto al casarse.   *Verdadero/falso*

Write Here

6. People I have known

Write a short description of two people, contrasting their qualities. Say who they are, how long you have known them, what they do, their attractive and less attractive characteristics, and why you consider them important.

Unit 15:

It's a good job

In this unit, we look at life in the office, make some comparisons, and practice some radical-change verbs.

Match Game

1. Chalk and cheese

Link each word (1–10) with a logical partner (from a–j). To make it more difficult, the partners are scrambled!

1. romper	( )	a. rop fotelonĕ
2. llamar	( )	b. baror
3. denunciar	( )	c. lapep
4. ladrón	( )	d. ilorb
5. aparcar	( )	e. raatepur
6. leer	( )	f. natavne
7. pedazo	( )	g. checo
8. vidrio	( )	h. lideto
9. llave	( )	i. ins grapa
10. gratuito	( )	j. alstric

Talking Point

2. Jobs for the boys

Manuel is discussing jobs with his friend Jaime.

Jaime	¿Qué piensas hacer durante las vacaciones?
Manuel	Quiero compar un coche pero no tengo bastante dinero. Tendré que buscar un empleo.
Jaime	¿Qué tipo de trabajo quieres?
Manuel	No sé exactamente. No me apetece demasiado lo que haces tú. Ser camarero es muy duro, ¿no? Además, quiero ganar más que tú.
Jaime	Puedes mirar el diario. Seguramente habrá algo en los anuncios – hay más de cuatro páginas de ofertas.
Manuel	Buena idea. Vamos al quiosco por el periódico.
Jaime	Podrías comprar más de uno, o podrías poner tu propio anuncio.
Manuel	Tranquilo, hombre. No quiero gastar más de lo que gano. Yo no tengo tanto dinero como tú. Tampoco soy tan estúpido.
Jaime	Pues, ya veremos. Cuando encuentres un puesto me podrás llamar tonto.

Complete the grid. The word formed down the center column is what Juan is looking for.

1. A Juan no le _____ el trabajo de su amigo.
2. Manuel va a _____ los anuncios.
3. Jaime trabaja en un _____ .
4. Manuel quiere ganar _____ que su amigo.
5. Manuel e Inés son los _____ de Isabel y Juan.
6. Se venden periódicos allí.

(grid with rows 1-6 and letter B in center column)

Word Power W

3. What's my line?

Who does the following?

1. Limpia los zapatos en muchos bares. _____
2. Sirve la comida en un restaurante. _____
3. Vende las cosas en un almacén. _____
4. Escribe artículos en un periódico. _____
5. Representa papeles en una película. _____
6. Estudia en la universidad. _____
7. Da clases en la escuela. _____
8. Lleva a la gente en su coche. _____

Language Focus ⊕

4. Anything you can do

Complete the comparisons using the correct word or words.

1. Jaime es más inteligente_____parece.
2. No es tan inteligente_____Manuel.
3. Tiene más dinero_____su amigo.
4. Tiene más ambiciones_____dice.
5. Ha comprado_____un periódico.
6. No conoce_____dos ciudades de la región.
7. Menos_____doscientas personas compraron el libro.
8. Nadie_____tú puede ayudarme.
9. Me quedan menos_____diez dólares.
10. Esta cerveza es mejor_____ésa.

60

Reading Corner 📖

5. Job openings

Manuel has bought a newspaper to look for a job and sees this article about the employment situation. Read the article and answer the questions that follow.

La Vanguardia del Sur

El desempleo ha alcanzado una tasa récord

En los últimos meses el desempleo acaba de alcanzar una tasa récord que supera las cifras de los años ochenta. Después de una leve bajada, la cifra actual ha crecido hasta el 22,5 por ciento. Aunque el aumento del desempleo es inferior al de los dos últimos meses, este año han desaparecido más de medio millón de empleos. El aumento del desempleo muestra claramente que los jóvenes tienen muchas más dificultades para incorporarse al mercado de trabajo. Los mayores incrementos del desempleo se concentran en los varones de 20 a 40 años y en las mujeres de 16 a 19, edades en que los jóvenes quieren encontrar su primer empleo. Los sindicatos afirman que la gran cantidad de desempleados – más de tres millones – es el mejor argumento para dar prioridad al empleo en la política económica.

1. ¿Qué porcentaje de la población se encuentra sin empleo?

   ----

2. ¿Cuál fue el período anterior de más desempleo?

   ----

3. ¿Cuántos empleos han desaparecido en el último año?

   ----

4. ¿Cuál es el sector que tiene más dificultad en encontrar trabajo?

   ----

5. ¿Cómo se diferencia la situación de las chicas y los chicos?

   ----

6. ¿Cuál es la actitud de los sindicatos?

Write Here

6. Résumé

Write a letter of introduction for a job you have seen advertised. Include (1) details of your education, professional experience and current job, salary and fringe benefits, (2) any other personal details you consider relevant, (3) why the advertised job attracts you, and (4) when you would be available for an interview and appointment.

Muy señores míos:

Unit 16:

Up in the air

In this unit, we deal with complaints and practice negative expressions and do some more letter writing.

Match Game

1. Why did you do that?

Match up these question and answers

1. ¿Por qué escribes una carta?
2. ¿En qué sentido era mala la comida?
3. ¿Por qué tuvieron que esperar en fila?
4. ¿Por qué salió tarde el avión?
5. ¿Qué le preguntaste a la azafata?
6. ¿Qué le pidió a la azafata?
7. ¿Por qué tienes esas pastillas?
8. ¿Qué te pareció el vuelo?

( ) a. Había un fallo con el motor.
( ) b. Cómo se abrocha el cinturón de seguridad.
( ) c. Un vaso de agua.
( ) d. Me mareo en el avión.
( ) e. En mi vida he tenido tal viaje.
( ) f. Había mucha gente.
( ) g. Quiero quejarme a la compañía.
( ) h. Estaba fría y sin sabor.

Talking Point

2. Come fly with me

Luis and his secretary are flying to Madrid on business. Some of the words are missing from their conversation. See if you can find the correct ones from the box.

acabar	acuerdo	además	bailar	bordo	buscar	calidad cinturones
clase	competencia	conseguir	demora	despegar	éxito	firma hace
jaleo	llegamos	llevo	marcha	modo	niños	orden organización
organizado	pongo	reservaciones	salida	seguida	ventaja cambio	

Azafata   Señoras y señores, bienvenidos a _ _ _ _ _ _ _ _ _ . Por favor, abróchense los _ _ _ _ _ _ _ _ _ de seguridad. Vamos a _ _ _ _ _ _ _ _ _ .

Luis	Esta parte del vuelo es la que no me gusta. Siempre me _____ muy nervioso aunque _____ muchos años volando en avión.
Secretaria	Pero el avión es un _____ muy seguro de viajar – _____ es rápido.
Luis	De _____ pero no está libre de complicaciones. Tuvimos muchos problemas al facturar. ¡Aun dijeron que no teníamos _____ !
Secretaria	Sí, porque había muchos pasajeros para primera _____ y querían cambiarnos a una parte inferior.
Luis	También hubo una _____ de media hora – no sé por qué. Ni siquiera nos dieron una taza de café. Y tuvimos dificultad en encontrar la puerta de _____ . No nos habían dicho la puerta correcta.
Secretaria	¡Qué _____ ! No importa – los motores están en _____ . Vamos a salir. ¿A qué hora _____ ?
Luis	A las cuatro de la tarde, pero hay un _____ de hora.
Secretaria	Ah, sí. Tenemos que reunirnos con los clientes a las seis. Todo está _____ . No _____ falta tomar un taxi porque nos van a _____ .
Luis	¿Tienes los papeles para la reunión? Si es posible quiero _____ con las discusiones y firmar el contrato en _____ .
Secretaria	No se preocupe. Todo está en buen _____ .
Luis	Gracias, pero los negocios no serán juego de _____ . Tendremos que regatear mucho para _____ el contrato. Habrá mucha _____ y nuestros oponentes tienen muchos contactos ya con esa _____ .
Secretaria	Pero tenemos una gran _____ , ¿no?
Luis	Claro – tenemos mucha experiencia en esta clase de programa y nuestra _____ es mundialmente conocida por la _____ de sus productos.
Secretaria	Creo que vamos a tener _____ .
Luis	¡Y para celebrarlo después, podríamos ir a un restaurante – o a _____ !

Word Power ₩

3. Song and dance

Find the custom, song, or dance. The word formed down the center column is a typical instrument.

1. Baile argentino
2. Grupo de músicos universitarios
3. Santo patrono de Madrid
4. Canción religiosa de Semana Santa
5. Fiestas en Valencia
6. Música mexicana
7. Toros en Pamplona
8. Cantejondo en Andalucía

Language Focus ⊕

4. Give me the negatives!

Add the appropriate expressions from the box to complete the sentences.

1. No sé _ _ _ _ _ _ _ _ _ _ .
2. No conozco _ _ _ _ _ _ _ _ _ aquí.
3. En este pueblo no hay _ _ _ _ _ _ _ _ _ hotel bueno.
4. Aquí _ _ _ _ _ _ _ _ _ habla inglés.
5. _ _ _ _ _ _ _ _ _ fumo cigarrillos.
6. _ _ _ _ _ _ _ _ _ me dieron un vaso de agua.
7. Ella no habla alemán _ _ _ _ _ _ _ _ _ .
8. No le vimos en _ _ _ _ _ _ _ _ _ .
9. No consiguieron hacerlo de _ _ _ _ _ _ _ _ _ .
10. _ _ _ _ _ _ _ _ _ salgo con Lola.

> a nadie
> nada
> nadie
> ni siquiera
> ningún modo
> ninguna parte
> ningún
> nunca
> ya no
> tampoco

Reading Corner 📖

5. Letters to the editor

When something goes wrong, some people like to write to the papers. Look at these instructions, and correct the statements that follow.

1. Las cartas deben tener un mínimo de cuarenta líneas.

   ----

2. No es necesario escribirlas a máquina.

   ----

3. A veces se admiten cartas anónimas.

   ----

4. No es necesario incluir su dirección.

   ----

5. El director nunca resume las cartas.

   ----

6. Siempre se considera necesario cambiar las cartas.

   ----

7. No se devuelven las cartas.

   ----

8. Se puede comentar el contenido por teléfono.

Las cartas destinadas a esta sección no deben exceder cuarenta líneas mecanografiadas. Es imprescindible que estén firmadas y que indiquen el domicilio, teléfono y número de DNI o pasaporte de sus autores. El director se reserva el derecho de publicar tales cartas, así como de resumirlas o extractarlas cuando lo considere necesario. No se devolverán los originales si no son solicitados, ni se facilitará información postal o telefónica sobre ellos.

Write Here

6. Letter of complaint

Luis has decided to ask his secretary to write to the airline about their bad experience. Unfortunately, her shorthand is not too good, so her notes have to be corrected. Make the necessary changes, saying what actually happened and writing in the past.

Example: El viaje es fácil.
El viaje fue difícil.

1. El avión sale a tiempo.

   ----

2. No tenemos que esperar para facturar el equipaje.

   ----

3. No hay problemas con las reservaciones.

   ----

4. Les dan tarjetas de embarque de primera clase.

   ----

5. Se les ofrece una bebida.

   ----

6. La puerta de salida está bien indicada.

   ----

7. Les dicen que pueden quedarse en primera clase.

   ----

8. Estamos muy contentos con el servicio que recibimos.

Unit 17:
Office party

In this unit, we go to the office, meet some "false friends," and practice radical-changing verbs.

Match Game
1. You need one of those!

Match the action with the item and its Spanish name.

1. marcar ( )   a. computadora
2. escribir ( )   b. correo electrónico
3. rellenar ( )   c. dinero
4. subir ( )   d. un fax
5. cambiar ( )   e. documento
6. enviar ( )   f. número
7. mandar un e-mail ( )   g. ascensor

Talking Point
2. A well-oiled machine

Juan is having a hard time at the office. Read the conversation, then choose the correct answers to the questions that follow.

Juan   No puedo creerlo. La fotocopiadora no funciona otra vez. Siempre ocurre cuando tengo mucha prisa.

Rodríguez   ¿Cuántas copias necesitas?

Juan   Sólo diez, pero las necesito urgentemente para enviarlas a unos clientes importantes y ahora están a punto de recoger el correo.

Rodríguez	Hay otra máquina arriba. Puedo ir por ti porque quiero hablar con alguien en aquel departamento.
Juan	Gracias. Hoy ha sido un día muy difícil. Primero recibí un fax de la central pidiendo que les mandase en seguida las cifras de los seis últimos meses. Luego uno de nuestros concesionarios llamó para anular un acuerdo que hicimos hace poco. También otro cliente quiere que le mande un correo electrónico con los detalles de nuestra próxima promoción.
Rodríguez	Pero, menos mal, pronto será la hora de comer.
Juan	¿Comer? ¡Ni hablar! Ojalá tuviera tiempo. Quizá un bocadillo en mi despacho, pero nada más. Tú tienes mucha suerte – pronto te vas a jubilar.
Rodríguez	Sí, gracias a Dios. A propósito, tu esposa, ¿cómo van sus planes?
Juan	Bien – está muy ocupada en su trabajo, pero la serie la tiene muy ilusionada.
Rodríguez	Lo puedo creer, aunque a mí francamente me aburren las telenovelas. Pero ¿qué pasa?
Juan	Mira – ahí viene el jefe. Parece enojado y lleva un papel con cifras...

1. Según Juan, las fotocopiadoras son
   - (A) poco fiables
   - (B) apresuradas
   - (C) útiles
   - (D) regulares.

2. Para copiar tendrán que
   - (A) recoger el correo
   - (B) bajar a recepción
   - (C) subir a otro departamento
   - (D) hablar con otro departamento.

3. Su colega es
   - (A) responsable
   - (B) amistoso
   - (C) oportunista
   - (D) egoísta.

4. Los jefes de Juan quieren
   - (A) despedirle
   - (B) mandarle un fax
   - (C) verle en seguida
   - (D) estadísticas.

5. Uno de sus clientes va a
   - (A) faltar a su palabra
   - (B) mandarle un email
   - (C) hacerle una concesión
   - (D) acordarse de él.

6. Juan no tiene
   - (A) nada que comer
   - (B) tiempo para comer
   - (C) hora de comer
   - (D) bocadillo que comer.

7. La serie de Isabel
   - (A) es una ilusión
   - (B) no es muy popular
   - (C) es algo aburrida
   - (D) la mantiene muy ocupada.

8. El jefe de Juan
   - (A) se acerca
   - (B) se marcha
   - (C) se sonríe
   - (D) se lleva.

Word Power W

3. False friends

Some words aren't what they seem. Circle the correct one.

1. Hay que *registrar / facturar* el equipaje.
2. No puedo respirar. Estoy tan *constipado / enfriado.*
3. El profesor le obligó al estudiante a sentarse *delante de / enfrente de* la clase.
4. He aquí una estampa *colorada / coloreada* del Madrid antiguo.
5. Ojalá tuviera un salario *largo / alto.*
6. Los tíos llevan a sus *nietas / sobrinas* al parque.
7. Esta tela es de buena *calidad / cualidad.*
8. Vamos a mandarles una *carta / postal* del panorama.
9. Para devolver un artículo hace falta *la receta / el recibo.*
10. No nos pagan. Es una *desgracia / vergüenza.*
11. Me gusta el jefe – es *muy informal / poco ceremonioso.*

Language Focus ⊕

4. There, there!

Put in the appropriate form of *haber* to complete the sentences.

1. De repente _____ una llamada en la puerta.
2. En esta ciudad _____ muchos robos.
3. Mañana _____ una fiesta en la plaza.
4. Siempre _____ problemas aquí.
5. Esos días _____ mucha gente en la calle.

> hay
> había
> hubo
> habrá
> ha habido

Reading Corner ▭

5. Practice with radical-change verbs

Put the infinitive in brackets in the correct form.

21

Esta mañana mi jefe me fuera a su oficina. Yo me _____ (pedir) que _____ (sentir) un poco nervioso al pensar en la discusión que (seguir). Normalmente _____ (despertarse) bastante temprano porque _____ (dormir) bien pero hoy _____ (depertarse) más tarde. Mi esposa me llevó a la oficina y me _____ (sugerir) que la llamase después de mi entrevista, y _____ (seguir) su viaje.

Afortunadamente el jefe no me (despedir) – al contrario _____ (repetir) que quería ofrecerme un cambio de responsabilidades porque _____ (sentir) que era un buen empleado. Yo _____ (querer) pensarlo un poco – siempre _____ (pensar) en las posibilidades – y mi jefe _____ (consentir). Mi esposa _____ (reírse) al oír mis noticias. Ahora _____ (reírse) yo también. Mi jefe me dijo que _____ (divertirse) durante el fin de semana y _____ (despedirse) de mí.

69

Write Here

6. Retirement speech

You have been asked to say a few words at a colleague's retirement and need to make some notes to include some of his achievements in different aspects of his life.

Example: *En su trabajo se ha relacionado con más de dos mil clientes...*

En su trabajo _____

_____

En su juventud _____

_____

En su tiempo libre _____

_____

En los deportes _____

_____

En su vida personal _____

_____

En casa _____

_____

En cuanto a sus ambiciones _____

_____

Como amigo _____

_____

En las últimas semanas _____

_____

En resumen _____

_____

Unit 18:

Taking a chance

In this unit, we will look at entering the lottery and practice using the conditional and forming adverbs.

Match Game

1. Lucky for some

Link the ideas.

1. décimo	( )	a. rico
2. número	( )	b. carrera
3. posición	( )	c. examen
4. aprobar	( )	d. gol
5. conseguir	( )	e. lotería
6. marcar	( )	f. plaza
7. hacerse	( )	g. amistades
8. hacer	( )	h. premio
9. ganar	( )	i. ruleta

Talking Point

2. Winner takes all!

Isabel and her family are watching a game show on TV. Read the conversation, then fill in the chart.

Presentador ...y el premio estrella para esta semana son quince días en Acapulco, todo pagado.

Manuel ¿Qué harías tú si ganaras la lotería, Inés?

Inés No lo sé. Si pudiera, quisiera casarme con un hombre muy rico. No tendría que trabajar tampoco. ¿Y tú?

Manuel Si me tocase el gordo, daría la vuelta al mundo y me compraría un coche deportivo para ir al trabajo.

Isabel Bueno, hoy he comprado un billete de lotería y si gano meteré el dinero en el banco.

Juan Yo también tengo un billete de lotería. Mi ideal es dejar de trabajar y salirme de esa oficina infernal. Quizá hiciera una excursión a Argentina también. Me gustaría conocer los paisajes del interior.

Inés Si yo ganase, gastaría todo el dinero. No quiero pensar demasiado en el futuro.

Presentador ...ponga la rueda en marcha – a ver qué número sale...¡es el suyo! ¡Enhorabuena! Ha ganado las vacaciones en la playa.

Juan	¡Vaya un premio! A mí no me gustaría; preferiría algo más emocionante.	
Inés	Yo, sí. Ojalá pudiera viajar a México.	
Isabel	Pues a mí me gusta mi trabajo – pero todo dependería del éxito de la serie –ya estoy nerviosa.	

What would they do? And what about you? Put an "x" for "no" or a check for "yes" in the grid.

	VIAJAR	TRABAJAR	AHORRAR	GASTAR
ISABEL				
JUAN				
INES				
MANUEL				
USTED				

Word Power 🪰

3. How do you do that?

Give adverbs of similar meaning.

1. finalmente _____
2. de prisa _____
3. con rapidez _____
4. de manera grosera _____
5. frecuentemente _____

6. raramente _____
7. desagradablemente _____
8. de vez en cuando _____
9. en resumen _____
10. lentamente _____

Language Focus ⊕

4. Easily done!

Complete each sentence with the correct adverb.

Example: Hay una solución clara. _Se soluciona claramente._ _____

1. Es un coche rápido. Anda _____:
2. Es un hombre cortés. Siempre habla _____:
3. El español es fácil. Se aprende _____:
4. Es un tren muy lento. Viaja _____:
5. Es un buen estudiante. Estudia _____:
6. Es la razón oficial. _____ no se permite.
7. Son lugares tranquilos. Se puede descansar allí _____:
8. Son niños felices. Siempre juegan _____:
9. Es un camión lento. Anda muy _____:
10. Es una canción alegre. Canta _____:

Reading Corner ⬚

5. Away from it all

Luis would like to see something of Argentina. Read this description of some of the country's national parks, and decide if the statements that follow are true or false.

Los diecisiete parques nacionales argentinos cubren una extensión de 27.500 kilómetros cuadrados. En la región de la Patagonia, que tiene 800.000 kilómetros cuadrados de superficie, están algunos de los más interesantes. Los actuales habitantes de la Patagonia viven de la tierra y el mar. También hay yacimientos petrolíferos. Pero a pesar de ser una gran extensión, sólo viven allí un millón de personas, menos de la vigésima parte de la población argentina.

Estamos en un verdadero paraíso natural, todavía desconocido por la civilización. El clima es tan variable que en un día pueden pasar las cuatro estaciones del año. Uno de los parques – el de los Glaciares – con una extensión de 600.000 hectáreas, cuenta con unos maravillosos glaciares, entre ellos el Perito Moreno, con un frente de cinco kilómetros en constante movimiento. En otro, Torres del Paine, habitan el cóndor, el puma y decenas de especies únicas de vegetación, siendo ésta una de las zonas protegidas más importantes del continente.

1. A national park has a minimum area of 27.500 square kilometers. *Verdadero/falso*

2. La Patagonia is a national park. *Verdadero/falso*

3. The inhabitants of la Patagonia are primarily farmers or fishermen. *Verdadero/falso*

4. The population of Argentina is over 20 million. *Verdadero/falso*

5. Civilization has affected La Patagonia. *Verdadero/falso*

6. The seasons are short in La Patagonia. *Verdadero/falso*

7. The glacier Perito Moreno is unstable. *Verdadero/falso*

8. Wildlife is at risk in Torres del Paine. *Verdadero/falso*

Write Here

6. Regrets, I've had a few!

Say what you would have done.

Example: ganar la lotería – *Si hubiese ganado la lotería, (no) habría comprado una casa.*

1. Saber la verdad _____
2. Llegar a tiempo _____
3. Recibir tu carta _____
4. Ir a la ciudad _____
5. Hacer una paella _____
6. Escribir al periódico _____
7. Decir lo que ocurrió _____
8. Contar el dinero _____
9. Quejarse al gerente _____
10. Perder el tren _____

For extra practice – rewrite your sentences using the -ra forms in both parts.

Example: *Si hubiera ganado... (no) hubiera comprado...* _____

1. _____
2. _____
3. _____
4. _____
5. _____
6. _____
7. _____
8. _____
9. _____
10. _____

Unit 19:

A nasty taste

In this unit, you will eat out, practice some idioms, and report a crime.

Match Game

1. Containers and quantities

Match the objects with the correct descriptions.

1. botella	( )	a. flores
2. lata	( )	b. estampillas
3. paquete	( )	c. abejas
4. docena	( )	d. vino
5. ramo	( )	e. ovejas
6. colección	( )	f. jamón
7. tropel	( )	g. sal
8. enjambre	( )	h. sardinas
9. trozo	( )	i. cigarrillos
10. cucharita	( )	j. huevos

Talking Point

2. I'm sure I left it here

Juan and Isabel are leaving the restaurant and going back to their car. Read the conversation, then decide whether the following statements are true or false.

Juan	¿Te gustó la comida, querida?
Isabel	Muchísimo, pero el servicio fue un poco lento.
Juan	Pero tuvimos mucho tiempo. Es bueno relajarse de vez en cuando. Ahora no puedo moverme.
Isabel	Mañana tengo que madrugar. Deberíamos ir a casa a pie después de haber comido tanto.
Juan	Ni hablar. Estoy demasiado cansado. Tenemos el coche.
Isabel	¿Dónde lo dejaste? No lo veo.
Juan	Allá en el aparcamento. Es más seguro que la calle.
Isabel	Sí, pero cuesta más.
Juan	No lo veo tampoco. Debe de estar aquí. Lo dejé cerca de este letrero.

Isabel	Pues, mira. Sí que hay un coche pero el color es distinto – y también es una marca diferente.
Juan	¡Dios! Alguien lo ha robado. ¡No puedo creerlo!
Isabel	Sí, hay pedazos de vidrio en el suelo. Seguramente rompieron una ventanilla para entrar.
Juan	Tenemos que llamar a la policía. ¿Dónde hay un teléfono?
Isabel	¿Por qué no vamos andando? – hay una comisaría en la próxima calle y de todas formas necesitamos hacer ejercicio.

1. La comida era un desastre.   *Verdadero/falso*

2. Isabel y Juan tuvieron la oportunidad de relajarse.   *Verdadero/falso*

3. Habían comido demasiado.   *Verdadero/falso*

4. Juan todavía tenía ganas de dar un paseo.   *Verdadero/falso*

5. El coche estaba aparcado fuera del restaurante.   *Verdadero/falso*

6. Los coches están bien vigilados en la calle.   *Verdadero/falso*

7. Los aparcamentos son gratuitos.   *Verdadero/falso*

8. El sitio donde Juan había dejado el coche estaba libre.   *Verdadero/falso*

9. Los ladrones tenían la llave del coche.   *Verdadero/falso*

10. Decidieron telefonear a la policía.   *Verdadero/falso*

Word Power W

3. Three of a kind

Circle the odd one out.

1. rosa	clavel	lechuga	nomeolvides
2. vermú	ginebra	sangría	aceite
3. silla	alfombra	mesa	butaca
4. sordo	perezoso	ciego	cojo
5. temperatura	alivio	tristeza	alegría
6. mantequilla	nata	leche	margarina
7. perdiz	ganso	pato	pollo
8. calcetín	media	pendiente	zapato
9. piña	roble	olmo	pino
10. cerdo	águila	oveja	vaca

Language Focus ⊕

4. I've just done that but I'll do it again

Practice with the idioms *acabar de* and *volver a*.

Example: Póngame café. Acabo de ponérselo pero se lo volveré a poner.

1. Cómprame el periódico. _____

2. Abra la ventana. _____

3. Escribe la carta. _____

4. Contesta a mi pregunta. _____

5. Envíe una postal a su hermano. _____

6. ¿Quieres ir al cine? _____

7. Hagan un pastel. _____

8. ¡Díganos la verdad! _____

9. ¿Por qué no bebes el café? _____

10. ¿Cuándo piensa cortar el césped? _____

Reading Corner 📖

5. *Some people are hard to please!*

Some of Luis's colleagues have gone out for a celebration dinner, but everyone has differing needs or tastes. Study the menu and then answer the questions.

1. Federico is a vegetarian. What would you recommend?

_____

2. Catalina loves garlic. What would you recommend?

_____

3. Lola is fond of Italian food. Can you see any Italian dishes on the menu for her?

_____

4. Yolanda wants to know what contains eggs, as she is allergic to them.

_____

5. Pedro cannot eat shellfish – what should he avoid?

_____

6. It's a hot day – which dishes might be most suitable?

_____

7. Which dishes would be more appropriate for a winter day?

_____

8. Federico tries not to eat dairy products – what should he avoid?

_____

9. Which dish would be too much food for someone eating alone?

_____

10. Which dish would appeal to a lover of freshwater fish?

_____

MENÚ

jugos variados
melón
entremeses variados
gazpacho
sopa de verduras
pimientos de Padrón

— · — · —

calamares en su tinta
trucha a la navarra
paella (mín. dos personas)
merluza a la romana
rodaballo a la plancha

— · — · —

tortilla española
pollo al ajillo
lomo con papas
cochinillo asado
cocido madrileño
espaguetis con tomate
alcachofas estofadas
espárragos naturales

— · — · —

crema manjar
flan
helados – vainilla, chocolate, fresa
melocotón en almíbar
selección de queso
torta de manzana

Write Here

6. A statement of fact

Juan and Isabel are at the police station reporting the theft of their car. Help them to fill in the statement.

DENUNCIA

1. Marca del coche:

2. Matrícula:

3. Color:

4. Modelo:

5. Fecha del robo:

6. Hora del robo:

7. Lugar del robo:

8. Contenido del coche:

9. Nombre y dirección del dueño:

10. Otros detalles:

Unit 20:
The great outdoors

In this unit, we try to get away from it all, look at some burning issues, and write letters to the editor.

Match Game

1. *Keep your feet on the ground*

Put the words in categories of land, sea, or air.

águila   árbol
ballena   buitre
burro   cebra
cóndor   delfín
maíz   murciélago
nube   pez
tiburón   trigo

tierra

aire

mar

Talking Point

2. *The natural reaction*

Juan and Isabel are out in the country. Read the conversation below, then complete the exercise.

Isabel   Aquí está todo tranquilo. Me gusta estar al aire libre – se puede respirar. Pero huele a humo – ¿se está quemando algo?

Juan   ¿No sabías que van a construir una carretera nueva cerca de aquí?

Isabel   No. ¿Dónde exactamente?

Juan   A tres o cuatro kilómetros. Mira – están quemando parte del bosque más allá del río.

Isabel   ¡Qué barbaridad! Pero, ¿por qué?

Juan   Tienen que construir una autopista para reemplazar el camino antiguo que es muy estrecho y sinuoso. Las autoridades dicen que es peligroso y que ha habido muchos accidentes, especialmente en el verano.

Isabel	Pero, ¿por qué tienen que estropear el paisaje por una autopista? ¿No hay otras posibilidades?
Juan	Hubo mucha polémica y discusión pero por fin se decidieron por una ruta donde hubiera menos destrucción.
Isabel	De todas formas es una lástima que tengan que hacerlo. Algunas personas nunca piensan en los demás. Mira – alguien ha tirado basura al lado del sendero. Tenemos que hacer algo antes de que sea demasiado tarde. Hay que proteger el medio ambiente.

Choose the more appropriate alternatives.

1. A Isabel le gusta *la tranquilidad / respirar.*
2. Los bosques *arden / queman.*
3. Las obras están *cerca / acerca.*
4. El bosque está más allá del *río / lago.*
5. La carretera tiene muchas *curvas / partes.*
6. Las autoridades optaron por la *ruta / autopista por / para* el bosque.
7. Hay *árboles / basura* cerca del camino.
8. La carretera nueva será *ancha / estrecha.*
9. Isabel quiere *estropear / proteger* el medio ambiente.

Word Power ₩

3. Burning questions

Complete the sentences using *quemar, encender, arder, apagar, fuego, incendio* as appropriate.

1. Juan _____ sus libros después de los exámenes.
2. El edificio _____ cuando llegaron los bomberos.
3. Quiero dormir. Voy a _____ la luz.
4. ¿Quieres _____ el televisor? Quiero ver el programa.
5. Los bomberos llegaron pronto al _____ .
6. El hombre _____ su cigarrillo y se marchó sin decir nada.
7. ¿Tiene _____ , por favor?
8. ¡ _____ ! Llamen a los bomberos.
9. ¡Cuidado – te vas a _____ con la sopa!
10. Su cara _____ de emoción.

Language Focus ⊕

4. Idioms with hacer

Complete the expressions.

1. Hoy hace _____ y mucho sol.
2. No hace _____ calentar el café.
3. El policía hizo _____ al delito.
4. Llegué aquí hace _____:
5. Estoy aquí _____ hace un año.
6. Manuel y Jaime se hicieron _____:

Reading Corner 📖
5. Country life

El impacto de las actividades deportivas y de ocio y recreo

Está de moda practicar deportes u otros pasatiempos en plena naturaleza y el tiempo de ocio se desarrolla cada vez más en el medio natural. Hay nuevas maneras de divertirse, como el vehículo todoterreno. Los críticos piensan que el impacto de las actitudes deportivas o recreativas amenaza el equilibrio de la naturaleza.
¿Qué piensa usted? Marque con una equis (✗) las actividades que amenazan el equilibrio de la naturaleza y con una palomita (✔) las que no.

	contaminación de las aguas	riesgo de incendios	contaminación atmosférica	vertido de basuras	daños al paisaje	molestias a la fauna	contaminación del suelo	compactación del suelo
montañismo								
rutas a caballo								
bicicleta de montaña								
escalada y espeleología								
golf								
fotografía de la naturaleza								
4 x 4 y motos todo terreno								
caza								
camping								

marzo

41

Write Here

6. Not in my backyard

Write a letter to the editor of the local paper outlining your views on the building of the new road. Include brief notes on the arguments for and against the proposals, why you are writing, where you stand on the issue, and what you think ought to be done.

Unit 21: _____

Body of opinion

In this unit, you will learn about not feeling too well, and you will practice some more idioms with verbs.

Match Game 🧩

1. Anatomy lesson

Name the parts of the body.

brazo   codo
cuello   dedo
corazón   pie
columna   estómago
mano   ojos
oreja   pecho
pierna   rodilla
talón   tobillo

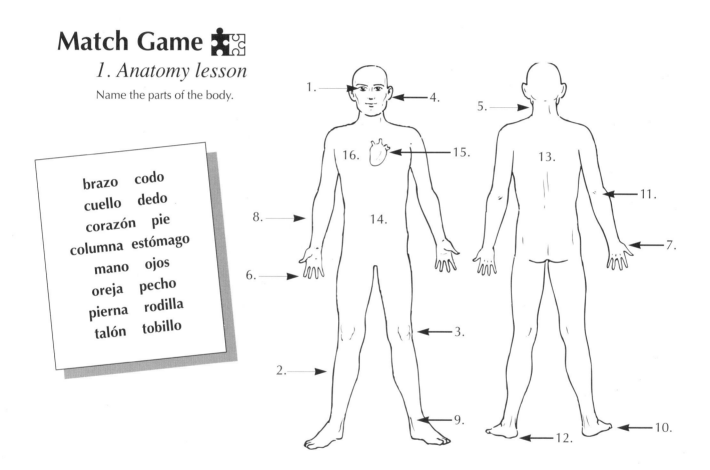

Talking Point 👄

2. Tell me, doctor

Juan decides the time has come to see the doctor.

Médico   Pase usted. ¿Qué tiene?

Juan   Buenos días, don Miguel. No me encuentro nada bien.

Médico   ¿Qué síntomas tiene?

Juan   Es que no duermo bien. Me acuesto muy cansado pero me despierto por la madrugada y no vuelvo a dormir.

83

Médico	¿Algo más le molesta?
Juan	Frecuentemente me duele la cabeza y también la espalda.
Médico	¿Y usted ve claramente?
Juan	Normalmente, sí, pero a veces cuando leo todo parece desenfocado.
Médico	¿Usa usted gafas?
Juan	No, no soy miope – le veo a usted perfectamente. Otra cosa – me duele el estómago desde hace dos días.
Médico	¿Ha comido algo especial recientemente?
Juan	Sí – hace un par de días comimos mariscos en aquel restaurante nuevo cerca del río. Me sentí mal poco después.
Médico	A ver – podría perder un poco de peso. ¿Hace usted mucho ejercicio?
Juan	No mucho – no tengo tiempo porque hay mucho trabajo en la oficina y los jefes son muy exigentes.
Médico	No creo que usted tenga nada grave – parece estar un poco estresado. Le recomiendo que dé un paseo al aire libre durante la hora de comer y que visite al óptico cuanto antes.
Juan	¿Nada más?
Médico	Claro, hay mucho estrés en su trabajo. Voy a darle una receta – LLévela a la farmacia. Vuelva a verme en quince días.

Supply the missing verbs to practice reported speech in the past.

1. Juan le dijo al médico que _____ bien.
2. El médico le preguntó si _____ síntomas.
3. Juan no _____ bien, y _____ de madrugada.
4. Dijo que le _____ la cabeza.
5. También que no _____ y que a veces todo _____ desenfocado.
6. Explicó que hacía dos días que _____ .
7. El médico no creía que _____ .
8. Le recomendó que _____ .

Word Power ☯

3. More nouns from adjectives

What are the nouns formed from these adjectives?

1.	enfermo	_____	6.	medicinal	_____
2.	estresado	_____	7.	cansado	_____
3.	doloroso	_____	8.	acatarrado	_____
4.	grave	_____	9.	dormido	_____
5.	miope	_____	10.	malo	_____

Language Focus ⊕

4. A question of belief

Practice the use of verbs of thinking and believing by adding *que*, *en*, *de,* or nothing, according to the meaning.

1. No pienso _____ él nunca.
2. ¿Qué piensas _____ este programa?
3. ¿ _____ qué piensas? Pienso _____ su muerte.
4. Mañana pienso _____ ir a verle.
5. No creo _____ el destino.
6. ¿Crees _____ el médico tiene razón?
7. No tengo muy buena opinión _____ este libro – es muy malo.
8. ¿Ha llegado el avión? Creo _____ sí.

Reading Corner 📖

5. Doctor's orders

Put this conversation in the right order.

1. Me dio una receta y tengo estas pastillas.
2. Sí, fui a ver al médico.
3. ¿Vas a la oficina mañana?
4. Bueno, cuando vuelvas a casa, podremos comer y descansar.
5. Hace ya varios días que no me encuentro nada bien.
6. ¿Tienes que verle otra vez?
7. ¿Y qué le dijiste?
8. Al contrario, me dijo que tendría que relajarme un poco.
9. Me hizo un reconocimiento general y me preguntó si algo me dolía.
10. ¡Hola Juan! Llegas tarde.
11. Le dije que me dolía la cabeza y que a veces me dolía la espalda también.
12. ¿Por qué? ¿Te sientes mal?
13. Supongo que te dijo que todo estaba bien.
14. ¿Y qué hizo el médico?
15. Quiere que vuelva en un par de semanas.
16. ¿No te dio algo para el dolor?
17. Claro, hay mucho que hacer – pero estoy resuelto a tomar una hora para comer – y daré un paseo por el parque.

Write Here

6. Character reference

Write notes on people, male or female, including these descriptions and adding reasons or examples:

Example: bonita – *Ana tiene una cara bonita.*

simpático – *Siempre quiere ayudar a alguien.*

atractivo _____

feo _____

inteligente _____

estúpido _____

trabajador _____

perezoso _____

antipático _____

formal _____

informal _____

cortés _____

Now pick someone you like (or dislike!), then say what you find attractive or unattractive about them and what that person does to deserve such a reputation.

_____

_____

_____

_____

_____

_____

_____

_____

Unit 22:
First night

In this unit, we look at idioms with *tener,* hear some music, and look at work.

Match Game
1. Who does it?

Match the nouns with the actions.

1. ladrón	( )	a. adelantar
2. perro	( )	b. guisar
3. gato	( )	c. ladrar
4. pájaro	( )	d. luchar
5. cocinero	( )	e. maullar
6. comprador	( )	f. morder
7. muela	( )	g. proteger
8. coche	( )	h. regatear
9. delantal	( )	i. robar
10. ejército	( )	j. volar

Talking Point
2. A bag of nerves

Día tras día goes on the air. Read the conversation, then complete the exercise.

Luis   Bueno, Isabel, ¿cómo te sientes?

Isabel   Un poco nerviosa. No sé cómo el público va a recibirnos.

Luis   No estés nerviosa. Grabamos el programa hace tiempo – todo está perfecto.

Isabel   De verdad, lo sé, pero como hoy sale por primera vez me preocupo por lo que puedan decir los críticos. Recibieron muy mal el primer episodio de otra serie parecida.

Luis   Parecida sí, pero no igual. La nuestra es mucho mejor. Hemos tenido tiempo para prepararnos bien, ensayar y resolver todos los problemas.

Isabel   Espero que sí. ¿Qué hora es?

Luis   Faltan seis minutos. Pero ¿dónde está tu marido? Creía que iba a venir hoy.

Isabel	Eso me dijo él. A lo mejor hay problemas con el tráfico. Me inquieta un poco, porque estos últimos días se ha sentido un poco enfermo.
Luis	Ustedes necesitan un descanso. Quizás…¡ah! Ahí está. Cambiemos de tema.
Juan	¡Hola, querida! Buenas tardes, señor López. ¿Llego tarde?
Isabel	Casi – mira – es la hora.
Voz	…Cinco, cuatro, tres, dos, uno…
Anunciadora	Señoras y señores, muy buenas tardes. Hoy estrenamos *Día tras día*, nuestra nueva serie para toda la familia. Esperemos que les guste.
Isabel	No puedo verlo. ¡Qué emocionada estoy!
Luis	¡Chis! Vienen los títulos. ¡Buena suerte! Ya veremos…

Circle the appropriate word for the context.

1. Isabel está *excitada / inquieta / agitada*.
2. A Isabel no le gusta *el crítico / la crítica / criticar*.
3. Hicieron el programa *hoy / recientemente / muchos días antes*.
4. Hoy es el *estreno / principio / comienzo* del programa.
5. Luis quiere *tranquilizarla / confirmarla / resolverla*.
6. Isabel piensa que Juan tiene una *enfermera / enferma / enfermedad*.
7. Luis quiere cambiar de *tema / asignatura / sujeto*.
8. Juan llega *a la hora / a tiempo / a la vez*.

Word Power W

3. Musical chairs

The ending of each word starts the next one.

Clues:

1. Música con letra
2. Una de ocho en la escala
3. Un solo en una ópera
4. Instrumento grande con cuerdas
5. Concierto para guitarra de Rodrigo

6. Tipo de ópera española
7. Se necesitan dos para efecto esterofónico
8. Música para piano, por ejemplo
9. ¿Quizás desafinado?
10. Grupo de ocho músicos

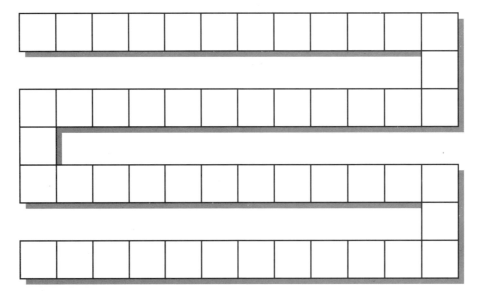

Language Focus ⊕

4. Idioms with tener

Complete the expressions.

1. Es tarde – tengo _____ salir.
2. Si tienes _____ deberías ponerte un suéter.
3. Tienes _____ , el chino es difícil.
4. Hace tanto calor – tengo mucha _____ .
5. Todo eso no tiene nada que _____ conmigo.
6. Tenemos _____ . El autobús no ha salido todavía.
7. Voy a la cama porque tengo _____ .
8. El drama tiene _____ en el teatro.

Reading Corner 📖

5. Is it working?

The producer of a news program has been handed a rather official press release and needs some notes. Help him try to make sense of it by saying whether the statements that follow are true or not.

Anuncio oficial

El artículo 35 de la constitución española establece que todas las personas tienen el deber de trabajar y el derecho al trabajo, con la oportunidad de promoción y una remuneración suficiente, sin que en ningún caso pueda existir discriminación por razones de sexo. La Ley también insiste en que es principio fundamental la igualdad de oportunidades, sin distinciones basadas en raza, sexo, opinión política u origen social. Las directivas del Consejo de la Comunidad Europea establecen por su parte la puesta en práctica en los Estados miembros del principio de igualdad de trato de hombres y mujeres en lo que se refiere al acceso al empleo, incluídas la promoción profesional y condiciones de trabajo.

1. Todos los españoles trabajan.   *Verdadero/falso*

2. El empleo es un derecho universal.   *Verdadero/falso*

3. En algunos empleos está permitida la discriminación sexual.   *Verdadero/falso*

4. Todo el mundo debería recibir un salario adecuado.   *Verdadero/falso*

5. El salario puede depender del origen social.   *Verdadero/falso*

6. Todos los patronos deben promocionar a la mujer.   *Verdadero/falso*

7. Debe haber la misma cantidad de mujeres y hombres promocionados.   *Verdadero/falso*

8. Todos los españoles tienen el derecho a posibilidades profesionales.   *Verdadero/falso*

Write Here

6. TV critic

Describe a recent film, play, or program you have seen. You could include details such as:

1. the name of the production
2. type of entertainment
3. an outline of the story
4. qualities of the actors
5. strengths/weaknesses of the production
6. your recommendation or otherwise

Unit 23:

Whodunnit?

In this unit, we unravel a mystery, practice past tenses, and open a bank account.

Match Game

1. Who did what?

Match the two parts of the sentence.

1. Me llamo Luis	( )	a. estrenó la serie.
2. Mi amiga y yo	( )	b. fuisteis al restaurante.
3. Antonio y Teresa	( )	c. decidiste ir.
4. Anoche Isabel	( )	d. prefirió el segundo episodio.
5. Tú y Ana	( )	e. y soy realizador.
6. Ayer yo	( )	f. fuimos a la costa.
7. La mayoría	( )	g. se escribían cartas.
8. Tú	( )	h. vi el programa.

Talking Point

2. What can it be?

Manuel is intrigued by an express letter that has just been delivered. Fill in his part of the conversation.

Juan	¿Dónde está tu madre? Acaba de llegar esta carta – dice 'urgente'.
Manuel	No sé. Quizás _____
Juan	No creo. Dijo que iba a volver antes de las cinco.
Manuel	¿Qué _____ ?
Juan	No sé, pero tiene un sello extranjero. ¿Qué podrá ser?
Manuel	Ya sabremos porque _____
Isabel	¡Hola! ¿Qué pasa?
Manuel	_____
Isabel	¿Sí?, pues dámela. ¡Dios, no puedo creerlo!
Juan	Dinos, pronto.
Manuel	Sí _____
Isabel	Es una oferta magnífica. Quieren que vaya a Australia a hacer una película. Y nos invitan a todos a visitar el país. Es posible que hagan una versión de nuestra serie allí y necesitan nuestra experiencia.

Manuel	Pero, mamá, no _____
Isabel	Tendré que aprenderlo. Ya hablo unas pocas palabras.
Manuel	Yo _____
Juan	No tengo yo que hacerlo. Ya lo uso en mi trabajo.
Isabel	Y nos pagarán bien. Tendremos que arreglar una cuenta en el banco y organizar el viaje. Primero, tengo que hablar con Luis. Parece que *Día tras día* será nuestra fortuna.
Manuel	Bueno, mamá _____
Isabel	Gracias, hijo – pero todos contribuyeron al éxito.

Word Power 〜〜

3. Compound nouns

Complete the word grid.

1. Una persona muy útil si tienes los zapatos sucios.
2. Con esta máquina se evitan discusiones después de comer.
3. Artículo que protege un edificio del relámpago.
4. Se usa para no mojarse cuando llueve.
5. Ventana delantera de un coche.
6. Barco en que se puede aterrizar.
7. Esta persona nunca es ignorante.
8. Persona que representa una opinión oficial.
9. Persona que suele ser motivo de burla.
10. Imprescindible si eres mal cocinero.

Language focus ⊕

4. Whatever the weather

Use the correct forms, verb or noun, of rain or snow in these expressions.

1. Cuando _____ nos gusta esquiar.
2. _____ a cántaros y no tenemos paraguas.
3. _____ mucho cuando salimos ayer.
4. Se perdió el explorador en la _____ de la montaña.
5. Aquí en diciembre _____ casi todos los días.
6. El partido fue cancelado por la _____ .
7. Si _____ mañana vamos a mojarnos.
8. _____ mucho, así que me puse un abrigo.

Reading Corner 📖

5. Don't bank on it!

It's sometimes hard to get to the bank, so Isabel and Juan are interested in a new service their bank is introducing.

La banca telefónica lleva muy poco tiempo en algunos países y todavía no existe en otros. No obstante la revolución ha avanzado rápidamente. Muchos bancos internacionales han abierto sucursales en otros países para competir con los nacionales. Este sistema telefónico comenzó en España en los años ochenta, cuando un banco decidió investigar su popularidad. La banca telefónica permite realizar la mayor parte de las operaciones financieras sin necesidad de tener que ir a la oficina bancaria. Otra ventaja es que el banco está abierto durante las 24 horas del día. Para usarlo, el cliente tiene que identificarse con un número o código secreto. No es necesario usar cheques porque el banco puede transferir dinero directamente de una cuenta a otra.

Según este artículo

1. La banca telefónica existe
        (A) en todos los países
        (B) sólo fuera de España
        (C) sólo desde hace pocos años en España
        (D) sólo en algunas sucursales.

2. Para usar este sistema hay que
        (A) usar cheques o tarjetas de crédito
        (B) hablar en código
        (C) llamar a una central telefónica
        (D) ir a un banco internacional.

3. El cliente se identifica
        (A) por detalles predeterminados
        (B) por un número telefónico
        (C) por su cuenta bancaria
        (D) por haber visitado una oficina antes.

4. El banco telefónico es
        (A) cada vez más popular
        (B) poco conocido
        (C) caro e ineficaz
        (D) sólo para la menor parte de la población.

5. Una de las ventajas para el cliente es

    (A) la posibilidad de transferir dinero cuando quiera

    (B) el costo es superior a un banco normal

    (C) el banco sustituye empleados por máquinas

    (D) el banco mantiene una red telefónica.

6. La banca quiere promocionar el nuevo sistema porque

    (A) es más rápido

    (B) es más eficiente

    (C) puede ofrecer servicios financieros

    (D) puede usar máquinas.

Write Here ✎

6. Ghost Story

Isabel likes reading thrillers in bed. Unfortunately, she spilled some coffee on her book, obscuring some of the words. Can you fill them in?.

Now continue the story and say what happened. Some verbs you might use are: *luchar, llorar, morder, golpear, desaparecer, despertarse, respirar, amanecer.*

...d_____ las doce y la casa e_____ tranquila. Yolanda no p_____ dormir. P_____ en los incidentes de los últimos días y en el hombre muerto. E_____ la lámpara y m_____ su reloj. T_____ de olvidar. De repente o_____ un ruido. S_____ pasos en el pasillo – ¡pero no h_____ nadie en la casa! Su corazón l_____. La puerta se a_____ y una figura oscura a_____ en el portal. "¿Quién es usted?, g_____ – pero el desconocido no c_____. Luego Yolanda r_____ al hombre. T_____ de gritar pero sólo c_____ una frase ahogada. ¡E_____! El hombre muerto cuya cara tanto le f_____ el hombre se le a_____ frente y por fin ll_____ a su cama. Se p_____ cuenta de que el a ella. Entonces Yolanda se d_____ fantasma ya no tenía cara...

Unit 24:

Review

This unit gives you the opportunity to review and expand on points from Units 13-23.

1. Adverbs and adverbial expressions

Match expressions of similar meaning.

1. malhumoradamente ( )   a. a cada dos por tres

2. rápidamente ( )   b. a regañadientes

3. súbitamente ( )   c. con altivez

4. frecuentemente ( )   d. de mala gana

5. paulatinamente ( )   e. de prisa

6. orgullosamente ( )   f. de repente

7. tranquilamente ( )   g. en voz baja

8. fácilmente ( )   h. lentamente

9. completamente ( )   i. sin dificultad

10. quejosamente ( )   j. en su totalidad

2. Practicing impersonal expressions

Supply the appropriate form of *gustar,* including the necessary pronouns.

1. Federico dijo que _____ (he did not like) España.
2. _____ (I like) tú.
3. _____ (I should like) visitar Perú.
4. _____ (We didn't used to like) las patatas.
5. Ojalá _____ (you liked) el vino.
6. La próxima vez _____ (you will like) este plato.
7. Sé que _____ (I shall like) estos programas.
8. A_____ (María did not like) la fiesta ayer.
9. Espero que _____ (you like) esta película.
10. A _____ (My friends like) ver la televisión.

3. Mixed bag

Fill in the correct form of the impersonal verb.

Si pudiera, me _____ (gustar) ir a América. Me _____ (gustar) mucho viajar y no me _____ (faltar) tiempo porque ya no me _____ (hacer falta) trabajar. Me _____ (encantar) viajar al extranjero y siempre me _____ (emocionar) explorar lo desconocido. Me _____ (quedar) sólo diez países por visitar. ¿A ti te _____ (apetecer) también dar la vuelta al mundo?

4. What is the correct word for the context?

1. La oficina está en el rincón/la esquina de la calle.
2. A Jaime le duele la pata/la pierna.
3. A mí me duelen los oídos/las orejas.
4. Aquel comercio vende televisiones/televisores.
5. Todo estaba en buen/buena orden.
6. No voy a escuchar/oír la radio.
7. Una botella de vino rojo/tinto.
8. Quisiera un vaso/vidrio de agua.
9. La grúa/grulla arrastró el coche.
10. Mi nombre/apellido es López.

5. How long?

Answer the questions using expressions of time.

Example: ¿Desde cuándo esperas aquí? (dos horas) *Espero aquí desde hace dos horas.*

1. ¿Cuánto tiempo llevas estudiando español? (un año)
   _____

2. ¿Cuántos años vivieron ustedes en Madrid? (cinco años)
   _____

3. ¿Cuánto tiempo hace que vives en Venezuela? (ocho meses)
   _____

4. ¿Cuánto hace que estáis en Málaga? (septiembre)
   _____

5. ¿Cuánto hace que conoces a Juan? (sólo tres semanas)
   _____

6. ¿Cuánto tiempo llevan esperando para hablar con el jefe? (media hora)
   _____

7. ¿Cuánto tiempo llevaban Juanita y Teresa hablando en el restaurante? (hora y media)
   _____

8. ¿Cuánto tiempo llevaban ustedes esperando el autobús? (unos cinco minutos)
   _____

6. Making comparisons

Combine these descriptions into one sentence.

Example: Teresa es bonita. Juanita es un poco fea. _Teresa es más bonita que Juanita._

1. Manuel es estúpido. Jaime también es estúpido.

   ----

2. Madrid tiene 6.000.000 de habitantes. Barcelona tiene 4.000.000 de habitantes.

   ----

3. Los pimientos rojos son picantes. Los verdes no lo son.

   ----

4. El barco es lento. El avión es rápido.

   ----

5. Luisa tiene dieciocho años. Su hermano tiene catorce años.

   ----

6. En la playa hace calor. Hace calor también en la sierra.

   ----

7. La película es terrible. El libro era terrible también.

   ----

8. La corbata azul cuesta 10 dólares. La corbata roja cuesta quince.

   ----

9. Este almacén es muy bueno. El otro no es tan bueno.

   ----

10. Yo no puedo beber mucha cerveza. Mi hermano, sí.

Answer Key: _____

Unit 1

1. 1g, 2a, 3b, 4c, 5j, 6d, 7f, 8i, 9h, 10e

2. 1m, 2m, 3v, 4v, 5m, 6v, 7m, 8m

   Note *depender de* = "to depend on."

3. castaño, rojo, purpúreo, verde, gris, azul, amarillo, marrón,

   Brown = *castaño* is usually used for hair and eyes, otherwise *marrón*.

4. 1. muy 2. mucho 3. muy 4. mucho 5. mucha 6. mucha
   7. mucho 8. muy 9. muchas 10. mucho

   Remember to use *mucho* with a noun but *muy* with an adjective. *Frío* is a noun after *hacer/tener* but an adjective after *estar*.

5. 1. 1830 2. 1215 3. 1515 4. 1100 5. 1900 6. 1755 7.
   0935 8. 1230

   Codificado means you need to pay to receive the program and unscramble the signal.

6. Suggested answers: Me gustan los dibujos animados porque son muy divertidos; no me gustan las películas porque son muy largas; prefiero las novelas porque son de gran interés; no me gustan los programas de cocina porque no sé cocinar.

   Remember that *divertido* means "funny."

Unit 2

1. 1j, 2i, 3g, 4a, 5d, 6h, 7f, 8b, 9c, 10e

2. 1. está 2. sabe 3. han 4. dice 5. recto 6. girar
   7. dar 8. difícil

   Estar seguro = to be sure, *ser seguro* = to be reliable. Use *saber* when you know a fact, *conocer* when you mean you have met someone. Directions use *a* = on: *a la derecha/izquierda*.

3. jersey/chumpa; gasfitero/fontanero; interviú/entrevista;
   mitin/reunión; líder/jefe; computadora/ordenador;
   parking/estacionamiento; christmas/Navidad

   Chumpa and *gasfitero* are mainly limited to parts of America.

4. 1. en 2. de 3. en 4. al 5. de 6. a 7. bajo 8. a

   You say *Es difícil entender la gramática* but *La gramática es difícil de entender*. Note *consistir* and *consentir* are followed by *en*.

5. 1. bilingüe 2. penalizar 3. el desarrollo 4. esta
   expresión

5. un ideal 6. la lengua 7. el mayor porcentaje 8. los
hispanohablantes 9. acabar con 10. temen 11. se ha
celebrado 12. una polémica

6. 1. La estación está a un kilómetro. No está lejos. Se puede ir
   a pie.
   2. El hotel está bastante lejos. A dos kilómetros. Se puede ir
   en taxi.
   3. El estadio está lejos. A tres kilómetros y medio. Hay que
   ir en autobús.
   4. El hospital está a quinientos metros. Está bastante cerca y
   se puede ir a pie.
   5. El aeropuerto está muy lejos. A diez kilómetros. Hay que
   ir en autobús o taxi.
   6. La catedral está a cien metros a la derecha. Se puede ir
   a pie.

Unit 3

1. 1. hijo/a 2. esposo 3. hermano/a 4. cuñado/a
   5. padre/madre 6. abuelo/a 7. tío/a 8. nieto/a
   9. primo/a 10. sobrino/a

   Note: *nieto/nieta* = grandson/granddaughter.

2. 1. salón 2. dormitorio 3. baño 4. comedor 5. cocina
   6. armario 7. dormitorio 8. dormitorio 9. baño

3. 1. en 2. hacia 3. a 4. con 5. de 6. de 7. de
   8. por 9. de 10. desde

   Use *de* (*la mañana*, etc.) after a specific time by the clock.

4. 1. es 2. estás 3. está 4. es 5. está 6. es 7. es
   8. está 9. es 10. estamos

   Note the two ways of giving the date.

5. 1b, 2a, 3d, 4d, 5c, 6a

6. Está situada en una calle tranquila; tiene ocho habitaciones –
   comedor, salón, cocina, tres dormitorios, baño, retrete;
   bastante grande – x metros cuadrados; calefacción central,
   cocina moderna; jardín bonito con flores y árboles, garaje
   para dos coches; 200.000; teléfono x , tardes/fines de
   semana; López, Avenida de la Victoria 23.

Unit 4

1. 1f, 2d, 3e, 4c, 5g, 6j, 7b, 8h, 9a, 10i

2. Sí, soy yo. Necesito verle; Mañana por la mañana; a las
   cinco; Del contrato y de la serie; Hasta luego, adiós

3. 1. salir 2. bajar 3. odiar 4. quitar 5. secar 6. apagar
7. abrir 8. gastar 9. contestar 10. despertarse

1. alegre 2. antipático 3. oscuro 4. feo 5. pobre
6. bajo 7. estúpido 8. barato/económico 9. ancho
10. difícil

4. 1. gran 2. recién 3. cien 4. veintiún 5. Buenos; mal
6. grande 7. mil 8. inglesa; inteligente 9. Felices
10. malo

Reciente becomes *recién* in front of an adjective or past participle. Remember to drop the final -o in *veintiún* plus a masculine noun.

5. 1. novecientos seis, trescientos sesenta y cinco, trescientos ocho
2. quinientos, cero cero, cero ochenta
3. doscientos setenta y seis, setenta y cinco, sesenta y cinco
4. cuatrocientos ochenta y dos, noventa y nueve, ochenta y ocho
5. cien, cuarenta y cinco, quince
6. setecientos treinta y cuatro, ochenta y uno, noventa y uno
7. trescientos noventa y cinco, cero ocho, cero ocho
8. cuatrocientos noventa, cero dos, cero dos

Take special care with the fives: *cinco, quince, cincuenta, quinientos.*

6. Here are our answers, yours may be different:

Letter: (advantages) formal, se pueden transmitir las ideas sin tener que discutirlas, algo permanente; (disadvantages) algo lento; (cost) bastante caro ; (reaction) es mi forma preferida de comunicarme con la gente oficialmente.

Telephone; instantáneo, posibilidad de tener una conversación amistosa; no permanente, puede molestarle a todas horas; bastante barato si no se habla demasiado; me gustar usarlo para hablar con amigos y familia.

Fax: muy rápido – puede ser formal o personal, no hay que discutir con la otra persona; poco ceremonioso, no muy permanente; económico; un poco oficial.

Answering machine: Siempre disponible sin necesidad de conversar con la otra persona; algo impersonal; barato; no me gusta demasiado pero a veces son convenientes.

E-mail: rápido, también se puede dejar/recibir un recado; se necesita un ordenador y conexión a la red electrónica; instalación – cara, uso – económico; me gusta porque puedo comunicarme con gente de todo el mundo.

Meeting: personal, decisiones inmediatas; con frecuencia se pierde tiempo organizándolo; costoso; me gusta reunirme con amigos pero para las reuniones oficiales prefiero otro método de comunicación.

Unit 5

1. 1g, 2a, 3j, 4c, 5d, 6i, 7f, 8e, 9h, 10b

2. mercado; cómodo; puestos; especial; comer; realizador; novia; guapa; piensas; carne; ella; come; pescadería; medio; hay; cuánta; kilo; algo; nada; es; sentido; simpático; ganas; hora; reloj; las; a punto de

3. 1. económico 2. un descuento 3. a plazos
4. la devolución 5. una subscripción 6. una multa
7. impuestos 8. rebajas

4. 1. mi 2. ti 3. mi; tu 4. nosotros 5. sí mismo
6. conmigo 7. ti 8. tú

Remember that the word *ti* never has an accent; *mí* does when it means "me" after a preposition, but *mi* = my.

5. 1. El modelo cinco puertas tiene el mismo precio que el modelo tres puertas.

2. El aire acondicionado es gratis.
3. La oferta sólo dura quince días más.
4. Los de la compañía de coches dicen que están locos.
5. Puedes usar las facilidades de pago que ofrece la compañía.
6. Hay versión de gasolina y de diesel.

6. 1. zapatería; zapatero 2. verdulería; verdulero 3. sastrería; sastre 4. floristería; florista 5. gasolinera; empleado
6. farmacia; farmacéutico 7. droguería; droguero 8. librería; librero 9. ferretería; ferretero 10. pastelería; pastelero

Note: *librería* = "bookshop"; *biblioteca* = "library."

Unit 6

1. 1c, 2d, 3e, 4f, 5a, 6b

2. 1b, 2b, 3a, 4d, 5c, 6a, 7b, 8a

3. 1. faro 2. bocina 3. motor 4. freno 5. ruedas
6. neumático 7. gasolina 8. volante 9. capó

4. los jueces jóvenes; los regímenes opresivos; las habitaciones magníficas; las arpas armoniosas; unos crímenes atroces; unos lápices azul claro; unas actrices felices.

5. 1. está; esta 2. qué 3. ésta 4. Sé; se 5. Te; té
6. Cómo; como

Remember that question words like *qué/cómo* have an accent even in reported or indirect questions.

6. A possible answer:

Policía ¿Qué le pasa, señor?
Conductor Usted me ha puesto esta denuncia por haber aparcado mi coche aquí, pero no es justo.
Policía Sí señor, porque ésta es una zona de descarga y su coche estaba aparcado durante el período prohibido – mire – allá está el aviso.
Conductor Pero su colega me dijo que él permitiría que aparcase, diciendo que era él responsable y que quedaban sólo quince minutos antes del fin de la prohibición. Ahí viene, podemos confirmarlo.
Policía Puede ser, pero ya que he escrito la denuncia no puedo cancelarla. Tendrá que pagar la multa.
Conductor ¿No hay más remedio?
Policía 2 Bueno, si usted escribe al ayuntamiento para explicar la situación se le quitará la denuncia.
Conductor Pero no me van a creer.
Policía Sí, le creerán porque nosotros podremos confirmar la situación.

7. 1. Hay que repararlo. 2. Hay que limpiarlas. 3. Hay que secarla. 4. Hay que remendarlo. 5. Hay que barrerlo.
6. Hay que calentarlo. 7. Hay que resolverlo. 8. Hay que enchufarlo/encenderlo. 9. Hay que pintarla. 10. Hay que pegarla.

Unit 7

1. 1. ear, g; 2. lips, f; 3. tongue, e; 4. heart, c;
5. hand, a; 6. eye, d; 7. nose, b

2. A possible answer:

Isabel nació…; pasó sus años infantiles; estudió; jugó; pensaba; soñaba con hacerse; desempeñaba…y su profesora le recomendó que siguiese; fue a una escuela; le ofrecieron; haciendo anuncios; fue una manera ideal de darse a conocer; recibió muchas ofertas; prefiere no recordar su primera película; tuvo que desempeñar; esperó hasta que una noche le puso algo en su bebida y le mató; cree que será un verdadero triunfo. Debe trabajar mucho pero está segura de que tendrá éxito.

Use the preterite tense for specific actions in the past but the imperfect tense for repeated actions or descriptions.

3. aparcamento/parking; automóvil/coche; cierto/seguro; comisaría/policía; cristal/ventana; diferente/distinto; enojado/furioso; lento/despacio; letrero/señal; llamar/telefonear; quebrantar/romper; quitar/robar

4. 1. debo   2. tengo   3. debe de   4. ha   5. debería   6. hay
7. hace   8. debe   9. preciso   10. se debe
Deber de: implies supposition; *debería* stresses "ought."

5. You may have phrased things slightly differently, but here's our answer:

Un hombre quería que su compañero esperase en la esquina mientras que él iba a la tienda. Iba a entrar en la tienda y decirle al tendero que le diese el dinero porque tenía una pistola. Iba a cubrirse la cara con una máscara y se pondría un sombrero. Los dos pensaban escaparse en un coche que uno tendría con el motor en marcha. Después iban a separarse. Uno iría a casa y el otro se escondería en el campo hasta que todo estuviese tranquilo. Iban a reunirse al día siguiente a las ocho.

Subjunctive verbs after *que* will normally be in the imperfect subjunctive if the main clause has a past tense. The conditional replaces the future in the past.

6. Here's a possible answer – yours will be different, of course:

La ciudad está al sur del país, a cinco kilómetros del mar. Es un lugar de gran interés histórico y data del siglo catorce. Tiene un castillo antiguo y algunas ruinas medievales; también tiene una iglesia gótica. Hay servicio frecuente de trenes y autobuses y la ciudad puede ofrecerle al turista hoteles modernos, pensiones económicas y toda clase de tiendas. El centro de información, ubicado en la plaza del mercado, está a su disposición y le puede ofrecer excursiones, un programa de visitas y reservaciones.

Note that distances are introduced by *a: a cinco kilómetros del mar.*

Unit 8

1. 1e,   2f,   3h,   4a,   5i,   6b,   7d,   8c,   9g

2. 1. ayude   2. prepare   3. corte,   4. calienta   5. preocupe
6. añada   7. tenga   8. grite   9. cierre   10. salgan
Remember that commands are subjunctives, except for *tú/vosotros* positive forms.

3.

1. Caracas (Venezuela)
4. Bogotá (in Colombia)
5. Quito (in Ecuador)
7. Lima (in Peru)
9. La Paz (in Bolivia)
8. Asunción (in Paraguay)
2. Santiago (in Chile)
5. Montevideo (in Uruguay)
3. Buenos Aires (in Argentina)

4. 1. muéstremela – no me la muestre   2. ciérralo – no lo cierres   3. córtelas – no las corte   4. ábrelo – no lo abras   5. ayúdame – no me ayudes   6. callaos – no os calléis   7. no lo comáis – comedlo   8. no lo fumen – fúmenlo   9. comámoslo – no lo comamos
Remember that object/reflexive pronouns go after a positive command but in front of a negative command.

5. 1. ponerme   2. hablar   3. no fumar   4. traer
5. mostrarme   6. cambiar   7. traducir   8. llamar
9. decirme   10. acompañarme

6. Murcia; La Coruña; Oviedo; Madrid; Valladolid; León; Sevilla/ Córdoba; Girona.

7. cueza/cuece; enfríelos/enfríalos; pélelos/pélalos; amase/amasa; pique/pica; mezcle/mezcla; añada/añade; trabaje/trabaja; apriételo/apriétalo; bata/bate; pase/pasa; fría/fríe

Don't forget the necessary stem changes for certain verbs.

Unit 9

1. 1e,   2a,   3g,   4b,   5c,   6f,   7j,   8i,   9g,   10d

2. 1. en casa   2. no quiere engordar   3. para mantenerse en forma   4. dos veces a la semana   5. no tiene ropa adecuada   6. algo ligero   7. para secarse después de ducharse   8. hay gran variedad de posibilidades/ actividades.

3. 1. caliente   2. frío   3. picante   4. fría   5. calor   6. frío
7. caluroso   8. cálido

4. 1. para   2. por   3. por   4. por   5. para   6. por   7. para
8. por   9. por   10. para

5. 1. lujo   2. entusiasta   3. base   4. una encuesta   5. una sorpresa   6. alcanzar   7. económico   8. ahorrar

6. 1. No vamos a engordar.   2. Podemos hacer un repaso.
3. Te lo puedo prestar.   4. No tendrás que escribir.   5. He reservado entradas.   6. Pagas menos impuestos.   7. Era muy fea.   8. Hay otra recolección más tarde.   9. Sólo contenía cheques de viaje.   10. Menos mal que está asegurado.

Unit 10

1. 1f,   2i,   3g,   4c,   5a,   6h,   7j,   8b,   9d,   10e

2. 1a,   2b,   3d,   4c,   5a,   6b,   7c,   8b

3. Remember, countries are spelled with a capital letter but languages and inhabitants have a lower case letter.

4. 1. subió   2. bajaron   3. nadando   4. fue   5. corriendo
6. anda   7. entraron   8. salieron   9. venir   10. voy

5. 1. primavera   2. otoño   3. otoño   4. verano   5. otoño

6. Here's one possible answer. Yours will, of course, be different.

¡Hola! Estamos aquí, Luis y yo, en la costa desde hace una semana. La playa es bastante bonita y limpia pero no hay mucha gente porque es invierno. Los restaurantes son buenos pero muchas atracciones están cerradas por la temporada. Ayer fuimos a la montaña y comimos allí pero al llegar al hotel descubrimos que alguien nos había robado. Volvemos el domingo que viene. Recuerdos a todos. Ana.

This exercise gives you opportunities to practice different tenses, including present, preterite, imperfect, pluperfect, and future. Have you used them all?

Unit 11

1. 1d, 2a, 3c, 4b, 5e

   Paradores are state-sponsored hotels set mainly in places of historical interest in Spain. A *pensión* is a small, usually family-run, hotel.

2. A possible answer:

   Estoy aquí con una amiga, Ana; viene Ana en su lugar; en casa, está un poco enferma; no es nada serio; no quiero armar un escándalo; Fue una sorpresa para mí también.

   1. una gran sorpresa 2. una nueva chica 3. mala
   4. confusa 5. pobre Luis 6. antigua novia 7. cierta discreción 8. buena de Isabel

   Remember that some adjectives have a different meaning or emphasis depending on whether they come before or after the noun.

3. agua potable; beca universitaria; centro deportivo; coche descapotable; cocina eléctrica; estudiante aplicado; paella valenciana; película emocionante; plato rico; vino oloroso

4. 1. roto 2. escrito 3. hablado 4. dicho 5. puesto
   6. prometido 7. vuelto 8. hecho
   Although most -*ar* verbs form their past participles in -*ado* and -*er*/-*ir* verbs theirs in -*ido*, remember the irregular forms.

5. han; últimos; única; ordinaria; carta; información; inmediato; teléfono; ponerse; amigos; comercial; prefiriendo; noventa; popularidad; métodos; electrónica; computadora

6. Here's our answer:

   Recepción: muy cortés y acogedora pero tuve que esperar en fila; Personal: amable y trabajador pero no hablaban inglés muy bien; condición de su habitación: muy limpia y cómoda pero el televisor no funcionaba; hacía demasiado calor pero podía abrir la ventana; cuarto de baño cómodo y conveniente pero un poco pequeño; bueno y rápido pero cuesta demasiado; buena variedad de platos pero la comida estaba un poco fría; rápido y eficaz pero no se aceptan tarjetas de crédito; debería haber una piscina y también tarifas especiales para fines de semana.

Unit 12

1. 1. tinto 2. apellido 3. por 4. ver 5. escuchar
   6. busco 7. pescado 8. comprar 9. la esquina
   10. a la derecha

   Pez refers to the creature, *pescado* is the food; *la esquina* is a street corner, *el rincón* is an inside corner.

2. 1. a 2. en 3. de 4. de 5. en (Am= a) 6. de 7. de
   8. en 9. a 10. de

3. 1. tomo 2. llevar 3. sacar 4. cogiendo 5. soportar/
   aguantar

   Tomar is a general verb for taking, including food and drink; coger is more "to gather, pick" and in America (but not Spain) has ambiguous and sometimes obscene overtones; *llevar* is used to take people places. *Soportar/aguantar* means "to put up with", as does *no puedo más* on its own.

4. 1. son 2. están 3. es 4. es 5. está 6. son 7. es
   8. estás 9. es 10. está

   More practice with *ser/estar* – are you getting the hang of it?

5. 1. y 2. pero 3. o 4. u 5. e 6. sino 7. a pesar de
   8. si

   Use *sino* for "not one thing but another."

6. actriz; recibió; papel; serie; llama; tras; realizador; hombre; casado; novia; marido; trabaja; oficina; y; hijos; gusta; estar; e; ir; pasaron; semana; otra; prometió; nada; nadie

Unit 13

1. 1i, 2a, 3h, 4c, 5f, 6e, 7g, 8b, 9d, 10j

2. ¿Vas a tener una semana complicadísima?; …estarás…?; …deberás…?; …grabaréis…?; …te voy a ayudar?; …te reunirás?; ¿Vais a hablar …?; ¿Habrá…; …tendréis…?; …necesitéis…?; …costará…; …nos veremos?; …tendremos…?

   Remember that *tú y yo* = *nosotros* and *tú y él/ella* = *vosotros*.

3. 1. tristeza 2. alegría 3. simpatía 4. amistad 5. virtud
   6. lujo 7. facilidad 8. hermosura 9. orgullo
   10. vergüenza 11. fealdad 12. sencillez

4. 1. será 2. visitarán 3. vendrá 4. saldremos 5. hará
   6. dirá 7. contestará 8. pondréis 9. iremos 10. podrá

5. 1. Cáncer 2. Escorpio 3. Leo 4. Libra 5. Tauro
   6. Géminis 7. Virgo

6. Our answers:

   Pintaré la casa; ahorraré más dinero; conoceré a nuevos amigos; pasaré más tiempo con mi familia; haré un poco más de ejercicio; comeré y beberé un poco menos; iré de vacaciones a la costa; estudiaré para los exámenes; viajaré al extranjero en mi trabajo; trataré de ser más simpático.

Unit 14

1. 1-10, 2-7, 3-5, 4-8, 6-9

2. 1.- 2. Luis y Roberto se llevan bien. 3. – 4. – 5. – 6. El jefe y Rodríguez no se llevan bien. 7. – 8. La secretaria no le hace caso. 9. No se llevan bien. 10. – 11. Luis no tiene una vida complicada.

3. 1. ajedrecista 2. actor/actriz 3. futbolista 4. cocinero/a
   5. profesor/a 6. rey/reina 7. médico/a 8. escritor/a
   9. lector/a 10. cineasta 11. torero/a 12. realizador/a

4. 1. de menos 2. café 3. reír 4. una siesta 5. la carta
   6. una novia 7. por aquí 8. la culpa 9. del club
   10. en el suelo

5. 1. falso 2. verdadero 3. verdadero 4. falso 5. falso
   6. verdadero 7. falso 8. falso

6. Here are our answers:

   Conozco a mi amigo Jaime desde hace veinte años. Es mecánico y trabaja en un taller no lejos del centro de la ciudad. Tiene buen sentido de humor y es muy inteligente. Pero si vamos a un bar nunca tiene dinero y por eso yo siempre tengo que invitarle a beber. Sin embargo, mi coche no anda muy bien y es muy conveniente tener un amigo así.

   Hace sólo dos o tres meses que conozco a Susana. Es atractiva y siempre está preparada a ayudarle a uno. Vamos con frecuencia al teatro o al cine pero, por desgracia, no es una persona muy puntual y a veces llega tarde, lo que me fastidia un poco. Sin embargo, nos gustan las mismas cosas y nos entendemos bien, por eso somos buenos amigos.

   Remember that *ser* is used for personal characteristics.

Unit 15

1. 1f (ventana), 2a (por teléfono), 3h (delito), 4b (robar), 5g (coche), 6d (libro), 7c (papel), 8j (cristal), 9e (apertura), 10i (sin pagar)

2. 1. apetece 2. mirar 3. bar 4. más 5. hijos 6. quiosco TRABAJO

3. 1. limpiabotas 2. camarero/a 3. dependiente 4. periodista 5. actor/actriz 6. estudiante 7. profesor/a 8. taxista

4. 1. de lo que 2. como 3. que 4. de las que 5. más de 6. más que 7. de 8. más que 9. de 10. que
Comparisons can be a little tricky – check the Grammar section for constructions.

5. 1. el veintidós coma cinco por ciento; 2. los años ochenta; 3. casi seiscientos mil empleos; 4. los jóvenes; 5. los varones de 20 a 40 años y las mujeres de 16 a 19; 6. hay que dar prioridad al empleo
Spanish uses a comma (coma) where English uses a decimal point.

6. Here's our answer:
Estudié en la Universidad de Caracas, y tengo la licenciatura en marketing e inglés; actualmente soy jefe de la sección administrativa de la compañía X con un salario de dos mil dólares mensuales, más coche. He vivido en Inglaterra y en Estados Unidos y tengo experiencia de los mercados internacionales. Me interesa mucho la posibilidad de ampliar mis conocimientos del comercio internacional y mi gran experiencia puede ser de beneficio al desarrollo de sus productos. Estoy disponible a principios del mes entrante y puedo ir a verles cuando quieran. Les saluda atentamente...

Unit 16

1. 1g, 2h, 3f, 4a, 5b, 6c, 7d, 8e

2. bordo; cinturones; despegar; pongo; llevo; modo; además; acuerdo; reservaciones; clase; demora; salida; jaleo; marcha; llegamos; cambio; organizado; hace; buscar; acabar; seguida; orden; niños; conseguir; competencia; organización; ventaja; firma; calidad; éxito; bailar.

3. 1. tango 2. tuna 3. Isidro 4. saeta 5. fallas 6. mariachi 7. Sanfermines 8. flamenco GUITARRA

4. 1. nada 2. a nadie 3. ningún 4. nadie 5. nunca 6. ni siquiera 7. tampoco 8. ninguna parte 9. ningún modo 10. ya no
Remember that nadie requires personal a when used as an object.

5. 1. Las cartas deben tener un máximo de cuarenta líneas.
2. No es necesario escribirlas a máquina.
3. Es imprescindible que las cartas estén firmadas.
4. Tienen que indicar su dirección.
5. El director se reserva el derecho de cambiarlas si lo considera necesario.
6. A veces es necesario cambiar las cartas.
7. Se puede solicitar la devolución de su carta.
8. No se facilitará ninguna información.

6. 1. El avión salió tarde.
2. Tuvimos que esperar para facturar el equipaje.
3. Hubo un problema con las reservaciones.
4. No nos dieron tarjetas de embarque de primera clase.
5. Ni siquiera nos ofrecieron una bebida.
6. La puerta de salida estaba mal indicada.

7. Nos dijeron que no podríamos quedarnos en primera clase.
8. No estamos satisfechos con el servicio que recibimos..

Unit 17

1. 1. telephone, f; 2. letter, a; 3. form, e; 4. elevator, g; 5. money, c; 6. fax machine, d; 7. computer, b

2. 1a, 2c, 3b, 4d, 5a, 6b, 7d, 8a

3. 1. facturar 2. constipado 3. delante 4. coloreada 5. alto 6. sobrinas 7. calidad 8. postal 9. el recibo 10. vergüenza 11. poco ceremonioso
Enfrente = "opposite", colorado = "red," cualidad = "personal qualities/characteristics," whereas calidad = "standard," i.e. of good or bad quality.

4. 1. hubo; 2. ha habido; 3. habrá; 4. hay; 5. había

5. pidió; sentí; seguiría; me despierto; duermo; me desperté; sugirió; siguió; despidió; repitió; sentía; quise; pienso; consintió; se rió; me río; me divirtiese; se despidió
Most stem-changing verbs are only affected in the present and present subjunctive. However, a small group of -ir verbs also change in the preterite and gerund.

6. A possible answer:
En su trabajo ha conocido a centenares de clientes; en su juventud era un gran futbolista; en su tiempo libre le gusta practicar deportes o ir al cine con su familia; en los deportes ha ganado muchos trofeos; en su vida personal es una persona familiar y colecciona sellos; en casa le gusta cocinar y pintar las habitaciones; en cuanto a sus ambiciones dio la vuelta al mundo en un barco; como amigo siempre estaba preparado a ayudar a sus colegas; en las últimas semanas se ha estado preparando para la jubilación; en resumen, hoy nos despedimos de un buen colega y compañero y le echaremos mucho de menos.
The perfect tense, formed with haber, is similar to the English "he has (painted)" etc.

Unit 18

1. 1e, 2i, 3b, 4c, 5f, 6d, 7a, 8g, 9h

2.

	travel	work	save	spend
Isabel	no	yes	yes	no
Juan	yes	no	no	yes
Inés	yes	no	no	yes
Manuel	yes	yes	no	yes
you	?	?	?	?

3. 1. por fin 2. apresuradamente 3. rápidamente 4. descortésmente 5. a menudo 6. pocas veces 7. de mala manera 8. de tarde en tarde 9. en fin 10. paulatinamente

4. 1. rápidamente 2. cortésmente 3. fácilmente 4. lentamente 5. mucho 6. oficialmente 7. tranquilamente 8. felizmente 9. despacio 10. alegremente
Remember to add the -mente to the feminine adjective. Despacio is an adverb already.

5. 1. falso 2. falso 3. verdadero 4. verdadero 5. falso 6. falso 7. verdadero 8. falso

6. Possible answers:
1. Si hubiese/hubiera sabido la verdad, no habría ido.
2. Si hubiese/hubiera llegado a tiempo, no habría perdido

el tren.

3. Si hubiese/hubiera recibido tu carta, no habría dicho nada.
4. Si hubiese/hubiera ido a la ciudad, le habría visto.
5. Si hubiese/hubiera hecho una paella, no habría tenido hambre.
6. Si hubiese/hubiera escrito al periódico, no habrían construido la autopista.
7. Si hubiese/hubiera dicho lo que ocurrió, no habríamos quedado amigos.
8. Si hubiese/hubiera contado el dinero, habría visto que algo faltaba.
9. Si me hubiese/hubiera quejado al gerente, me habría devuelto el dinero.
10. Si hubiese/hubiera perdido el tren, habría llegado tarde.

You use subjunctives in the *si* clauses here because you are referring to something that is hypothetical or untrue. The *-ra* form of the imperfect subjunctive may be used in place of the conditional in the main clause.

Unit 19

1. 1d, 2h, 3i, 4j, 5a, 6b, 7e, 8c, 9f, 10g

2. 1. falso   2. verdadero   3. verdadero   4. falso   5. falso .
   6. falso   7. falso   8. falso   9. falso   10. falso

3. 1. lechuga   2. aceite   3. alfombra   4. perezoso
   5. temperatura   6. margarina   7. pollo   8. pendiente
   9. piña   10. águila

4. 1. Acabo de comprarlo pero lo volveré a comprar.
   2. Acabo de abrirla pero la volveré a abrir.
   3. Acabo de escribirla pero la volveré a escribir.
   4. Acabo de contestarla pero la volveré a contestar.
   5. Acabo de enviársela pero la volveré a enviar.
   6. Acabo de ir pero volveré a ir.
   7. Acabamos de hacerlo pero lo volveremos a hacer.
   8. Acabo de decírsela pero la volveré a decir.
   9. Acabo de beberlo pero lo volveré a beber.
   10. Acabo de cortarlo pero lo volveré a cortar.

   Remember that *acabo de* means "I have just..." and *acababa de* means "I had just..."

5. 1. jugos variados, melón, gazpacho, pimientos, tortilla española;   2. gazpacho, pollo al ajillo, espaguetis con tomate, alcachofas estofadas, espárragos naturales;
   3. espaguetis con tomate;   4. tortilla española, flan;
   5. zarzuela de mariscos, paella;   6. jugos variados, melón, gazpacho, helados;   7. cocido madrileño, cochinillo;
   8. queso, crema manjar, helados;   9. paella;
   10. trucha a la navarra

6. Possible answers:
   1. Ford   2. ABC123   3. azul claro   4. Fiesta
   5. 10 de enero de 1996   6. sobre las 2330
   7. aparcamento de la Plaza Mayor   8. un abrigo, una bolsa
   9. (name/address)   10. Los ladrones deben de haber roto una ventanilla para entrar.

Unit 20

1. Tierra: árbol, burro, cebra, maíz, trigo
   Mar: tiburón, ballena, delfín, pez
   Aire: águila, buitre, cóndor, murciélago, nube

2. 1. respirar   2. arden   3. cerca   4. río   5. curvas
   6. ruta; por   7. basura   8. ancha   9. proteger

3. 1. quemó   2. ardía   3. apagar   4. encender   5. incendio

6. encendió   7. fuego   8. fuego   9. quemar   10. ardía
Quemar = to incinerate, *arder* = to be on fire, *encender* = to light.

4. 1. calor   2. falta   3. la vista gorda   4. tiempo   5. desde
   6. amigos

Unit 21

1. 1. ojos   2. pierna   3. rodilla   4. oreja   5. cuello
   6. dedo   7. mano   8. brazo   9. tobillo   10. pie
   11. codo   12. talón   13. columna   14. estómago
   15. corazón   16. pecho

2. 1. no se encontraba;   2. tenía;   3. dormía, se despertaba;
   4. dolía;   5. veía, estaba;   6. comieron mariscos;   7. fuera nada grave;   8. diese un paseo al aire libre

3. 1. enfermedad   2. estrés   3. dolor   4. gravedad
   5. miopía   6. medicina   7. cansancio   8. catarro
   9. sueño   10. maldad

4. 1. en   2. de   3. en; en   4. –   5. en   6. que   7. de
   8. que

5. 10, 2, 12, 5, 13, 8, 7, 11, 14, 9, 16, 1, 6, 15, 3, 17, 4

6. Some possible answers:

   Ana es atractiva – tiene el pelo negro y ojos castaños.
   Este hombre es muy feo – nunca sonríe y no se peina.
   Juan es inteligente – ha leído mucho y sabe inglés.
   Paulina es estúpida – cree que la luna es de queso verde.
   Mi primo es trabajador – se levanta muy temprano y reparte los periódicos antes de ir al colegio.
   Manuel es perezoso – siempre prefiere ir en coche.
   Mi jefe es antipático – siempre se queja de los empleados.
   Mi profesor era muy formal – simpre hablaba de usted.
   Tú eres muy informal – siempre te quitas los zapatos en la casa.
   Luis es un hombre cortés – siempre me da los buenos días.

Unit 22

1. 1i, 2c, 3e, 4j, 5b, 6h, 7f, 8a, 9g, 10d
   Although *ladrón* = thief, *ladrar* = to bark, *robar* = to steal.

2. 1. agitada   2. la crítica   3. muchos días antes   4. estreno
   5. tranquilizarla   6. enfermedad   7. tema   8. a tiempo

3.

C	A	N	C	I	O	N	O	T	A	R	I	
											A	
R	A	Z	E	U	J	N	A	R	A	P	R	
Z												
U	E	L	A	L	T	A	V	O	C	E	S	
											O	
O	T	E	T	C	O	T	L	A	T	A	N	

4. 1. que   2. frío   3. razón   4. sed   5. ver   6. suerte
   7. sueño   8. lugar

5. 1. falso   2. verdadero   3. falso   4. verdadero   5. falso
   6. falso   7. verdadero   8. verdadero

6. A possible answer:

Fui recientemente al cine a ver una película nueva. El título era Muerte inesperada. Era un drama americano. Había una mujer que vivía sola en una casa vieja en el campo y un hombre que había conocido en su juventud la buscaba porque le debía dinero. No voy a decirles el desenlace final de la película porque es muy emocionante. Los actores eran muy buenos pero el guión era un poco estúpido y artificial. Si no tiene nada más que hacer, vale la pena verla.

Unit 23

1. 1e, 2f, 3g, 4a, 5b, 6h, 7d, 8c
   Check carefully the agreement of subject with verb.

2. está en el estudio; dice; aquí está mamá; Hay una carta urgente para ti; qué dice; hablas inglés; también; enhorabuena

3. 1. limpiabotas 2. lavaplatos 3. pararrayos 4. paraguas 5. parabrisas 6. portaaviones 7. sabelotodo 8. portavoz 9. hazmerreír 10. abrelatas
   Note that compound nouns are usually masculine singular.

4. 1. nieva 2. llueve 3. llovía 4. nieve 5. nieva
   6. lluvia 7. llueve 8. nevaba
   The verbs are *nevar (ie)*; *llover (ue)*; the respective nouns are *nieve* and *lluvia*.

5. 1C, 2C, 3A, 4A, 5A, 6B

6. dieron; estaba; podía; pensaba; encendió; miró; trató; oyó; sintió; había; latía; abrió; apareció; gritó; contestó; reconoció; trató; consiguió; fue; fascinaba; acercó; llegó; paró; dio
   A possible continuation of the story:

   ...¡Váyase! gritó Yolanda. No me haga daño. Pero el fantasma quedó cerca de su cama. Yolanda decidió atacar al hombre siniestro – luchó contra él, y le mordió la mano. Vaya, vaya – gritaba, llorando y siguió golpeándole con toda su fuerza. De repente el hombre desapació. Yolanda se despertó y respiró profundamente. Ahora amanecía – no era nada más que un sueño – una pesadilla.

Unit 24

1. 1d, 2e, 3f, 4a, 5h, 6c, 7g, 8i, 9j, 10b

2. 1. no le gustaba/gustó; 2. me gustas; 3. me gustaría;
   4. no nos gustaban; 5. te/te gustara/gustase; 6. te/le gustará; 7. me gustarán; 8. A María no le gustó; 9. te/le guste; 10. a mis amigos les gusta

3. gustaría; gusta; falta; hace falta; encanta; emociona; quedan; apetece

4. 1. la esquina 2. la pierna 3. los oídos 4. televisores
   5. buen 6. escuchar 7. tinto 8. vaso 9. grúa
   10. apellido
   El orden = "arrangement," *la orden* = "command"; *la grúa* is the mechanical crane and *la grulla* is the bird.

5. 1. Llevo un año estudiando el español.
   2. Vivimos cinco años en Madrid.
   3. Hace ocho meses que vivo en Venezuela.
   4. Estamos aquí desde septiembre.
   5. Conozco a Juan desde hace sólo tres semanas.
   6. Esperamos desde hace media hora.
   7. Hacía hora y media que hablaban.
   8. Llevábamos unos cinco minutos esperando el autobús.

6. 1. Manuel es tan estúpido como Jaime.
   2. Madrid es más grande que Barcelona.
   3. Los pimientos rojos son más picantes que los verdes.
   4. El barco es menos rápido que el avión.
   5. Luisa es mayor que su hermano.
   6. En la sierra hace tanto calor como en la playa.
   7. La película es tan mala como el libro.
   8. La corbata azul cuesta menos que la corbata roja.
   9. Este almacén es mejor que el otro.
   10. Yo no puedo beber tanta cerveza como mi hermano/Mi hermano puede beber más cerveza que yo.

Grammar:

This is not a complete survey of Spanish grammar, but covers some of the important areas of language found in the units of this Workbook.

Rules of spelling

1. In Spanish the spelling of a word follows its pronunciation. Words ending in a vowel, *-s* or *-n* are stressed on the second-to-last syllable; words ending with other letters are stressed on the last syllable. A written accent shows any deviation from this rule: *fútbol, café, lástima*.

2. Double consonants are rare, remember the CaRoLiNe rule: the only permitted double consonants are: *ll* (*lla--mar*), *rr* (*perro*), *cc* (*diccionario*), where pronunciation differs from *l, r, c; nn* is occasionally found, usually in compound/negative words: *innecesario; innegable*. Words spelled *-mm* in English frequently become *-nm* in Spanish: *inmediatamente; inmaculado; inmigrante*.

3. *qu* is only used to show a [k] sound and before *e* or *i*; otherwise *c* is used: *calor, quemar; quitar; comer; curar*.

4. The sound [kw] is always written *cu*: *cuatro, frecuente*.

5. The sound [th] (pronounced [s] in America) is written *c* before *e* or *i*; otherwise *z* is used: *zapato, cebra, cinco, zorro, zulú*. **Neve**r write *z* before *e* or *i*!(except *enzima* (enzyme) and names, Zenaida)

6. The sound [g] (as in the English "go"): *gamba, guerra, guitarra, golf, gusta*.

7. The sound [gw] is written *gü* before *e* or *i*; otherwise *gu*: *guante; vergüenza; pingüino*

8. Where *g* represents the guttural sound (also shown by the Spanish *j*) before *e* or *i*, this must be changed to *j* before *a, o* and *u*: *escoja; escoge; escogí; escojo*.

9. Care must therefore be taken in spelling when you change the forms of some words: *lápiz/ lápices; seguir/ sigo; pago/ pagué; empezar/ empecé; habitación/ habitaciones; examen/exámenes; escoger/escojo* etc.

Accents

Accent marks (a maximum of one per word and placed on the stressed vowel) are used only if there is a particular need – usually to show an irregularity of stress, or (1) a distinction in meaning, or (2) a specific grammatical function.

Examples include (1) *tú* = you/*tu* = your; *sé* = I know/ *se* = reflexive pronoun; (2) *éste* = this one (= pronoun) / *este* = this (= adjective). Question words always carry a written accent, even in indirect questions:

I don't understand why you say that.	*No comprendo por qué dices eso.*
He asked me how to spell my name.	*Me preguntó cómo se escribe mi nombre.*

Capital letters

Spanish is very sparing in its use of capital letters. As a general rule, use them only for names and for the first word in a sentence or title. Months, days, seasons etc. are written with a lower case letter:

I'm going there in May.	*Voy allí en mayo.*
I haven't read *War and Peace*.	*No he leído* la Guerra y la paz.

Nouns

Genders

Generally speaking, you can tell the gender of a noun by its ending.

The following categories of noun are masculine:

1. most nouns ending in *-o*
2. nouns ending in *-aje*
3. most nouns ending in *-or* (common exceptions: *la flor, la labor*)
4. compound nouns: *el parabrisas, el limpiabotas, el portaaviones*
5. "borrowed" or modern nouns ending in *-ista*, unless specifically referring to a female:
    el periodista; el comunista; el turista.
6. nouns taken from Greek (and frequently similar to English) ending in *-ma*:
    el drama, el dilema, el problema, el programa, el sistema
7. some other nouns ending in *-a*, for example: *el mapa, el tranvía, el día, el guía.*
8. countries, except those ending in unstressed *-a* (of which there are many!)

The following categories of noun are feminine:

1. most nouns ending in *-a*
2. nouns ending in *-umbre*
3. nouns ending in *-dad, tad, tud*
4. most nouns ending in *-ión* (common exceptions: *el camión, el avión*)
5. nouns ending in *-ie*
6. nouns ending in *-is*
7. a few nouns in *-o*: *la foto, la radio* (frequently *el radio* in America), *la moto, la modelo* (= person), *la disco* (= *la discoteca*), *la mano*

Nouns ending in *-e* can belong to **either** gender: *el puente, la fuente; el coche, la clase.*

Plurals

Add *-s* to nouns ending in a vowel, *-es* to nouns ending in a consonant: *libro – libros; ciudad – ciudades.*

Adjectives

Agreement

1. Adjectives must agree with the noun in gender and number, whatever their position in the sentence or phrase.

2. Plurals are formed by adding *-s* (after vowel) and *-es* (after consonant) to the appropriate singular form.

3. Adjectives ending in *-e* and **most** of those ending in a consonant have no separate feminine form: *interesante, azul, fácil, regular.*

4. Adjectives ending in *-o, -án, -ón,* and *-or* add *-a* to form the feminine. Remember to drop the accent: *mandón, mandona.*

5. However, **comparative** adjectives ending in *-or* do not have a separate feminine form: *mayor, menor, mejor, peor, superior, inferior.*

6. Adjectives of **nationality** usually do have a feminine form: *español, española; inglés, inglesa.*

7. When adjectives refer to a collection of nouns including at least one masculine, use the masculine form:

The village has many pretty parks and avenues.   *El pueblo tiene muchos parques y avenidas bonitos.*

8. **Compound** adjectives are invariable:

I prefer the light/dark blue shirt.   *Prefiero la camisa azul claro/oscuro.*

Adjectives and word order

1. Adjectives normally follow the noun: *las chicas inteligentes; el libro rojo; me gusta el vino tinto.* Poetic usage will sometimes reverse this: *Blancanieve y los siete enanitos.* Generally, adjectives used after a noun have more emphasis.

2. Some adjectives regularly go in front of the noun: *otro, mucho, poco, bueno, malo, primero,* and other numbers.

3. Some adjectives have a different form in front of the masculine singular noun: *un, algún, ningún, buen, mal, primer, tercer. Grande* becomes *gran* in front of a masculine or feminine singular noun, but reverts to *grandes* in the plural.

4. Note some differences between Spanish and English order: *blanco y negro; los tres primeros días; las cuatro últimas semanas; tengo otros muchos amigos* (though American usage sometimes differs).

5. If using more than one adjective, you can either make a noun "sandwich" or link the adjectives with y:

There are pretty yellow flowers in the park.   *En el parque hay bonitas flores amarillas.*

I like serious and difficult books.   *Me gustan los libros serios y difíciles.*

Word order and meaning

Some adjectives differ in meaning according to position:

pobre	wretched/no money
antiguo	former/ancient
diferente	various/different
nuevo	different/brand new
grande	great, important/large
bueno	kind/good
medio	half/average

Adverbs

1. Adverbs describe actions in much the same way that adjectives describe nouns. Most adverbs are formed from an adjective by adding *-mente* to the **feminine** form of the adjective:

rápido	*rápida*	*rápidamente;*
lento	*lenta*	*lentamente*
fácil	*fácil*	*fácilmente*
urgente	*urgente*	*urgentemente*

2. With a succession of adverbs, Spanish frequently adds the *-mente* just to the last one:

Isabel works quickly, seriously and efficiently.   *Isabel trabaja alegre, seria y eficazmente.*

3. Simple adverbs are sometimes replaced by adverbial phrases: *de una manera grosera; a menudo; con frecuencia; repetidas veces; de vez en cuando* etc.

4. Note that the adjectives *bueno, malo, mucho* have the corresponding adverbs *bien, mal, muy: este coche es muy bueno – anda muy bien.*

5. Note also that after *estar, bien/mal* are frequently used:

How are you? – (I'm) very well, thanks.   *¿Cómo está usted? – (Estoy) muy bien, gracias.*

Comparisons

1. To say something is more x or less x, use *más* or *menos* and translate *than* by *que*:

Luisa is prettier than Carla but is less intelligent.   *Luisa es más guapa que Carla pero es menos inteligente que ella.*

2. If two things or people are the same, use *tan* followed by *como*:

Luisa is as pretty as Susana.   *Luisa es tan bonita como Susana.*

I am as intelligent as you.   *Soy tan inteligente como tú.*

3. The same constructions are used with adverbs:

I work more quickly than you.   *Trabajo más rápidamente que tú.*

You eat as slowly as your sister.   *Comes tan despacio como tu hermana.*

4. Remember the special forms *mejor, peor, mayor, menor, superior, inferior.*

5. Quantities are expressed by *más de / menos de* unless after a negative:

We have fewer than five days left.   *Nos quedan menos de cinco días.*

He/She's got more than three sisters.   *Tiene más de tres hermanas.*

I can't speak more than two words of Spanish.   *No hablo más que dos palabras de español.*

You don't have more money than me.   *Tú no tienes más dinero que yo.*

6. If the comparison is between two ideas, use *más de lo que— más de lo que dice;* similarly if specific nouns are referred to, *el/la/los/las que* must be used:

Pedro has more sisters than he says.   *Pedro tiene más hermanas de las que dice.*

We have more opportunities than (those) you mention.   *Tenemos más oportunidades de las que mencionas.*

He is more successful than he admits.   *Tiene más éxito del que confiesa.*

7. With nouns, *tan* becomes *tanto, tanta, tantos, tantas*:

Luisa got as many letters as Isabel.   *Luisa recibió tantas cartas como Isabel.*

Articles

In general the use of articles is similar to that in English. If you use (or leave out) a particular article in English, do so also in Spanish.

Some important exceptions are:

1. General statements:

The train is faster than the car.   *El tren es más rápido que el coche.*

2. In expressions like "at school", "in church", "at work": *en la escuela; en la iglesia; en el trabajo;* but note, however, *en casa* = at home, *a casa* = home, and often *en cama/ a cama* = in bed, to bed.

3. Prices and quantities:

The wine costs five hundred pesetas a bottle.	*El vino cuesta quinientas pesetas la botella.*

4. Frequency: *tres veces al año; treinta minutos a la semana.*

5. After the verb *ser* : *soy médico; ¿eres estudiante?; es arquitecto;* but *es un arquitecto muy bueno; eres un estudiante inteligente.*

6. With the name of a person or country only if this is qualified or described: *el pobre Luis; el México de los años cincuenta; el Londres de mi juventud.*

7. With most titles when speaking about (not addressing) someone:

I need to speak to Señor López.	*Tengo que hablar con el señor López.*

8. Omit the indefinite article with *cien, mil, tal, otro, cierto*:

Do you have another room?	*¿Tiene usted otra habitación?*
A certain journalist says that …	*Cierto periodista dice que …*

9. Note also the omission of the definite article in *por primera (segunda, última* etc.) *vez,* and titles of kings, popes etc.: *Enrique octavo, Juan Carlos primero.*

Note that *la* and *una* become *el* and *un* before a noun or adjective beginning with stressed *a-* or *ha-*: *el arpa, un altavoz, el hambre.*

Possessives

Possessives agree with the thing that is possessed. They have a short form (for example "my") that goes in front of the noun: *mi casa es tu casa; vuestro hermano; su coche; nuestras habitaciones;* or a long form (for example "mine") used after the verb *ser* or the definite article:

This key is mine – which is yours?	*Esta llave es mía – ¿cuál es la tuya?*

If the meaning is unclear, third-person possessives can be replaced or clarified by using *de usted, de ella, de ellos* etc.:

Where's your house? Theirs is five kilometers from the centre of town.	*¿Dónde está la casa (de usted)? La (suya) de ellos está a cinco kilómetros del centro.*

Demonstratives

This, that (near you), that (over there):

este / ese / aquel hombre
esta / esa / aquella casa
estos / esos/ aquellos hombres
estas / esas / aquellas casas

When the above adjectives stand on their own, without a noun, they become pronouns (= this one etc.) and require a written accent, though the rule is frequently ignored:

This man is a teacher, but that one is a mechanic.   *Este hombre es profesor pero aquél es mecánico.*

Note that *aquél/éste* used in this way often has the meaning of "the former/latter."

When the items referred to have not been defined or you do not know the gender, the neuter forms *esto, eso, aquello* are used, which **never** carry an accent:

What's this?   *¿Qué es esto?*

Prepositions
General notes

1. When prepositions refer to a verb, that verb is always in the infinitive:

He/She went out without closing the door.   *Salió sin cerrar la puerta.*

2. Note that *a* expresses motion whereas *en* expresses position:

I'm going to Spain because my friends live in Spain.   *Voy a España porque mis amigos viven en España.*

3. Note that *a* is used in: *al sol*; *a la sombra*; *a la luz de*, and for times when something happens: *a las ocho*, *a mediodía*. However, it is not used with days of the week: *el sábado, los sábados* = Saturday, Saturdays or **on** Saturday, **on** Saturdays.

4. Compare English and Spanish choice of prepositions in these sentences:

I always think of you.   *Siempre pienso **en** ti.*

What do you think of Isabel?   *¿Qué piensas **de** Isabel?*

I dream of traveling, but everything depends on money.   *Sueño **con** viajar pero todo depende **del** dinero.*

The meal consists of meat and fruit.   *La comida consiste **en** carne y fruta.*

5. The verb *entrar* is generally followed by *en*, though American usage is *a*:

Juan went in the house.   *Juan entró en la casa/ a la casa.*

6. Note that *entre* "between" takes subject pronouns: *entre tú y yo* = between you and me.

7. Some prepositions of place require *de*: *encima de*; *debajo de*; *detrás de*; *delante de*.

8. Note that *enfrente de* means "facing" or "opposite."

Por *and* para

1. Both *por* and *para* can both mean "for" but have many other uses. *Para* tends to stress the aim, destination, or result of an action; *por* emphasizes the reason behind it, how you do it, or the route taken. Put another way, *para* implies **achievement** and *por* implies **motive**. This is reflected in two ways of asking why? in Spanish – *¿por qué?* and *¿para qué?*

Sometimes the difference seems slight: *trabajo para los exámenes; trabajo por los exámenes* – the first means "I am working because I want to pass the exams"; the second suggests "I am working because the exams are forcing me to work."

2. Note the following nuances of meaning:

para

Tengo un regalo para ti.	I have a present for you. (You will be the recipient of the present.)
El tren sale para Madrid.	The train is leaving for Madrid. (Madrid is the destination.)
Trabajo para ganar dinero.	I work to earn money. (Money is what I hope to achieve.)
Necesito una batería para mi coche.	I need a battery for my car. (For my car to run.)

por

Me dieron mil dólares por mi coche.	They gave me a thousand dollars for my car. (In exchange for my car, I received a thousand dollars.)
Era imposible salir por la lluvia.	It was impossible to go out, because of the rain. (I couldn't go out.)
Rodríguez lo hará por ti.	Rodríquez will do it for you. (Because you can't do it, Rodríquez will.)
El autobús va por el centro.	The bus goes via the center of town. (The bus route is through the centre of town.)

3. *Por* can also express vague location:

La catedral está por ahí.	The cathedral is (somewhere) over there.
Ven por aquí .	Come this way. (*allá, acá* – American usage).

4. Note that "to get" is *ir por* plus a noun, but *para* adds a verb:

Vamos a la tienda por pan; vamos a la tienda para comprar pan.	Let's go to the store for bread; let's go to the store to buy bread.

5. *Para* can mean "in my opinion" etc.: *para mí no hay nada más difícil*, whereas *por mí* means "so far as I am concerned" = it doesn't matter to me:

Por mí, puede hacer lo que quiera.	As far as I'm concerned, he/she can do what he/she wants.

6. *Estar para* means "to be about to":

El tren está para salir.	The train is about to leave.

7. With expressions of time, *para* denotes when something is required, whereas *por* emphasizes a prearranged time limit:

Necesito una habitación para la noche.	I need a room for the night.
Gil fue a Madrid por dos años.	Gil went to Madrid for two years.

8. *Por* is used to express general time of day/night:

Trabajo por la mañana pero duermo por la tarde.	I work in the morning but I sleep in the afternoon.

Note that with a **specific** time by the clock, *por* is replaced by *de*:

Me acuesto a las once de la noche.	I go to bed at eleven o'clock at night.

Conjunctions

1. *Y* becomes *e* in front of a word beginning *i-* or *hi-*: *Juan e Isabel; madre e hija.*

2. *O* becomes *u* in front of a word beginning *o-* or *ho-*: *diez u once; pensión u hotel.*

3. Between numbers, *o* is usually written *ó*: 16 ó 17.

4. *Sino* is used to translate "but" when you say "not one thing but another":

That isn't coffee but tea.	*Eso no es café sino té.*

Pronouns

Personal pronouns

There are four main classes of personal pronouns: subject, reflexive, object, and disjunctive (i.e, used after a preposition):

subject	reflexive	indirect/direct object	disjunctive
yo	*me*	*me/me*	*(para) mí*
tú	*te*	*te/te*	*(para) ti*
él	*se*	*le/lo*	*(para) él*
ella	*se*	*le/la*	*(para) ella*
usted	*se*	*le/lo,la*	*(para) usted*
nosotros/ nosotras	*nos*	*nos/nos*	*(para) nosotros/ nosotras*
vosotros/ vosotras	*os*	*os/os*	*(para) vosotros/vosotras*
ellos	*se*	*les/los*	*(para) ellos*
ellas	*se*	*les/las*	*(para) ellas*
ustedes	*se*	*les/las*	*(para) ustedes*

Remember that the polite forms *usted, ustedes* take the corresponding third person pronoun and verb endings.

Subject pronouns

Subject pronouns are not normally required except for emphasis or to avoid ambiguity; *usted, ustedes* are, however, frequently added for politeness.

Direct object pronouns

Although *lo, los* are masculine forms for persons and things, the Real Academia de la Lengua Española admits the use of *le* for a masculine singular person: *le veo* – I see him/you, rather than *lo veo*, though this latter form is usual in much of Spain and throughout Spanish-speaking America. The form *les*, although historically incorrect, is now established as a corresponding plural for masculine persons but should not be used for females: thus *le veo, la veo, los (les) veo, las veo.*

When two third person object pronouns come together, the first (= indirect) pronoun, whether *le* or *les*, becomes **se**:

You want the book? Then I'll give it to you.	*¿Usted quiere el libro? – pues, se lo doy.*
They want five hundred pesetas, but I'm not going to give them to them.	*Ellos quieren quinientas pesetas pero no voy a dárselas.*

To avoid ambiguity, *a él, a usted, a ella, a ustedes* etc. may be added as necessary.

Disjunctive pronouns

The disjunctive pronouns *mí* and *ti* have special forms used only with *con*: *conmigo, contigo*. A corresponding form *consigo* is used when a same third person is the subject of the expression: *Juan lleva consigo mucho dinero; ¿ustedes van a llevar consigo unos bocadillos?* John takes a lot of money with him; are you taking some sandwiches with you?

Pronouns in impersonal expressions

With impersonal expressions, the indirect object pronouns are used:

They don't like wine.	*No les gusta el vino.*

These expressions may be emphasized or clarified by the additional use of *a* with a disjunctive pronoun or a noun, but this must **never** replace the use of an indirect object pronoun:

Juan and Isabel like wine.	*A Juan e Isabel les gusta el vino.*

Position

Reflexive and object pronouns normally go **before** a finite verb (i.e, a verb with a personal ending) but **after** a verb that is an infinitive (i.e, without a personal ending):

Juan washes his face.	*Juan se lava la cara.*
We spoke to them yesterday.	*Les hablamos ayer.*
I want to get up early.	*Quiero levantarme temprano.*
We are reading it.	*Estamos leyéndolo.*

Object pronouns also go **after** a **positive** command: *hazlo; dámelos; vámonos; dígaselo.*

With linked verbs, Spanish allows any combination of the above rules: *quiero comerlo* or *lo quiero comer; está lavándose,* or *se está lavando.*

But note that in compound tenses the object pronoun **must** go in front of the auxiliary verb *haber* and **not** after the past participle: *lo hemos escrito; se los habíamos dado.*

Order of object pronouns

The order of object pronouns can be easily remembered:

▶ Rule 1: any first person before any second person before any third person,

▶ Rule 2: subject to rule 1, indirect before direct.

For example: *me lo da; te lo damos; os las damos; quiero dártelos.*

Verbs

Present tense

The present tense is used to describe what you are doing now or what you do regularly. The continuous form may be used – as in English – to emphasize what is actually happening:

Look, Juan is painting the house.	*Mira – Juan está pintando la casa.*

The present tense can sometimes suggest an event in the immediate future. Compare "Tomorrow I'm painting the house," and *Mañana pinto la casa.* Note that in this context Spanish does not use the continuous form.

Stem-changing or radical-changing verbs

Remember that Spanish has a collection of stem-changing verbs. With many verbs ending in *-ar* and *-er*, a root vowel *o* becomes *ue* and a root vowel *e* becomes *ie* when that vowel is stressed: *contar – cuento, cuentas, cuenta, contamos, contáis, cuentan; pensar – pienso, piensas, piensa, pensamos, pensáis, piensan.* Some verbs ending in *-ir* are similarly affected.

Additionally there is a cluster of *-ir* verbs (only)- like *pedir,* that change *e* to *i* instead: *pedir – pido, pides, pide, pedimos, pedís, piden.* The gerund of such verbs also changes, even though the vowel is not stressed: *pidiendo.* Some verbs change to *ie* in the present tense, but to *i* in the gerund: *divertir – divierto, divirtiendo.* A few verbs change *o* to *ue* in the present tense and *u* in the gerund: *dormir – duermo, durmiendo; morir – muero, muriendo.*

Past tenses:
The preterite

Possibly the most useful tense is the preterite or simple past tense. This is used to relate single completed actions or when a finite time period is expressed:

This morning I bought a newspaper.	*Esta mañana compré un periódico.*
I lived there for ten years.	*Viví allí diez años.*

The imperfect

When repeated action is required, or you wish to paint a scene, describe the background etc., the **imperfect** is used:

When I lived in Bogota, I used to get up very early.	*Cuando vivía en Bogotá, me levantaba muy temprano.*

The imperfect often translates English "used to..." or "was ...ing."

Repeated actions can also be expressed by the use of the verb *soler* (to be in the habit of) and an infinitive: *solía levantarme temprano,* etc.

Compound tenses

Compound tenses formed with various tenses of *haber* plus a past participle correspond to the equivalent English tenses with "have": *he, había, habré, habría* etc. *hablado* = I have, had, shall have, should have etc. spoken.

Past participles used with *haber* **never** change or agree.

The perfect

The perfect tense, corresponding almost exactly to the English "I have (spoken)," etc.: *he hablado* is sometimes also used in colloquial or journalistic style to express an action that took place in the very recent past:

This morning I came by car, not by bus.	*Esta mañana he venido en coche, no en el autobús.*

Use the **preterite** for specific past actions as a rule.

To say "have / had just...", Spanish uses *acabar de* and an infinitive. Note the tenses of *acabar* :

I have / had just eaten.	*Acabo / Acababa de comer.*

Future

The future is formed for all types of verb by adding the shortened endings of *amar* (-*é*, -*ás*, -*á*, -*emos*, -*éis*, -*án*) to the infinitive. Sometimes the stem of -*er*/-*ir* verbs undergoes slight modification (usually dropping the *e* of the infinitive, or inserting a "reinforcing" *d*): *querer* – *querré*; *poder* – *podré*; *saber* – *sabré*; *salir* – *saldré*; *venir* – *vendré*; *tener* – *tendré*; *poner* – *pondré*. Note the future forms of *hacer* – *haré* and *decir* – *diré*.

The future may be expressed in a variety of other ways:

1. the ordinary present tense:

I'll see you later.   *Te veo más tarde.*

2. *ir a* and the infinitive:

I'm going to write the letter tomorrow.   *Mañana voy a escribir la carta.*

3. *pensar* "to intend" or *querer* "to want" with the infinitive:

I intend to write the letter tomorrow.   *Mañana pienso escribir la carta.*

4. *haber de* with the infinitive, sometimes to show a logical outcome:

This man will (must) become president before long.   *Este hombre ha de ser presidente dentro de poco.*

5. To do something **again**, use *volver a* and the infinitive:

I shall write to him again tomorrow.   *Mañana volveré a escribirle.*

Conditional

The conditional – or future-in-the-past – is formed, as its name might suggest, by adding the shortened imperfect tense endings of *haber* (-*ía*, -*ías*, -*ía*, -*íamos*, -*íais*; -*ían*) to the infinitive with exactly the same modifications to the stem that occur with the future: *querer* – *querría*; *poder* – *podría*, etc.

The subjunctive mood

Although the subjunctive mood duplicates almost the whole range of tenses, it is most likely to be needed in the present or the imperfect. The subjunctive reflects an attitude to an action on the part of the speaker or writer.

The subjunctive should not normally be used in main clauses, but see use in *Commands* and *Conditional sentences* below.

Formation

The **present subjunctive** is formed generally by changing over the endings of -ar verbs and -er/-ir verbs. The first and third persons singular are identical. Verbs whose first person adds a *g* in the ordinary present tense retain this *g* throughout the subjunctive: *tener* – *tenga*, *tengas*, *tenga*, *tengamos*, *tengáis*, *tengan*. Stem-changing verbs observe the same modifications as in the ordinary present except that those -*ir* verbs which have just *i* or *u* in the gerund observe the same change in the *nosotros* and *vosotros* forms: *dormir* – (*durmiendo*) – *duerma*, *duermas*, *duerma*, *durmamos*, *durmáis*, *duerman*.

The **imperfect subjunctive** now has two forms which are, in modern Spanish, used interchangeably. This tense is based on the ordinary **preterite** and is formed from the third person plural, removing the -*ron* and substituting either the -*se* endings (the "true" imperfect subjunctive) or the -*ra* endings for ALL verbs. There are no exceptions, so:

tener – (3rd person plural preterite *tuvieron*) – *tuviese*, *tuvieses*, *tuviese*, *tuviésemos*, *tuvieseis*, *tuviesen*; or *tuviera*, *tuvieras*, *tuviera*, *tuviéramos*, *tuvierais*, *tuvieran*.

Use

1. The subjunctive is used primarily in subordinate clauses (usually after *que*) in sentences with a change of subject, when person B's action depends on or is influenced by person A's attitude. Compare *Juan quiere beber* and *Juan quiere que Isabel beba*. Common verbs which introduce a subjunctive are those of varying degrees of wanting/forbidding; hoping/fearing and similar:

I forbid you to come in.	*Prohibo que entres.*
We're afraid that they'll arrive late.	*Tememos que lleguen tarde.*

Where no change of subject is implied, use the infinitive, as in English: *quiero protestar; es mejor trabajar; ¿prefieres venir?*

2. By extension, impersonal expressions normally require a subjunctive when a particular person is implied, since the impersonal expression is the equivalent of person A's attitude to the action:

It's better you go at once.	*Es mejor que usted vaya en seguida.*

3. An important further use of the subjunctive is to express **futurity** even without a change of subject:

When I get the money I shall buy a new car.	*Cuando reciba el dinero, compraré un coche nuevo.*

This extends even to future ideas expressed in the past:

Juan said that when he got the money he would buy a new car.	*Juan dijo que cuando recibiese/recibiera el dinero compraría un coche nuevo.*

Other time conjunctions like *cuando* include *tan pronto como; así que; mientras; antes (de) que; hasta que.*

4. By extension, the subjunctive is used after other expressions implying **unfulfilled conditions** including *de modo que; para que; a condición de que; sin que;* and others:

I work so that my family can live.	*Yo trabajo para que mi familia pueda vivir.*

5. *Aunque* "although" states a fact and does not require a subjunctive, whereas *aunque* "even if" does. Compare:

Although I have a lot of money, I'm not going to buy a car.	*Aunque tengo mucho dinero no voy a comprar un coche.*
Even if I had a lot of money, I wouldn't buy a car.	*Aunque tuviera mucho dinero, no compraría un coche.*

6. *Quizá, quizás,* and other expressions meaning "perhaps," **except** *a lo mejor,* normally need a subjunctive.

The subjunctive and clauses with "if"

1. As a general rule, use *si* with either an ordinary present tense (NOT subjunctive) or an imperfect subjunctive, according to the meaning:

If I have some money, I shall buy a car.	*Si tengo dinero, voy a comprarme un coche.*
If I had some money, I would buy a car.	*Si tuviese/tuviera dinero, compraría un coche.*
If I had had some money, I would have bought a car.	*Si hubiese/hubiera tenido dinero, habría comprado un coche.*

2. In conditional sentences, the *-ra* form (only) of the imperfect subjunctive may be used in both parts of the sentence: *Si hubiera tenido dinero, hubiera comprado un coche.*

3. The expression *ojalá* meaning "if only" relates to hypothetical/unfulfilled conditions and is therefore followed by the subjunctive: *ojalá tuviera mucho dinero* = if only I had a lot of money.

Expressions of time

To say how long something has been going on, Spanish uses the **present** tense if the action extends to the present time and the **imperfect** tense if the action ended in the past.

I've been waiting here for half an hour (and I'm still waiting).

Espero aquí desde hace media hora.
Hace media hora que espero aquí.
Llevo media hora esperando aquí.

I had been waiting for half an hour (and then I stopped).

Esperaba aquí desde hacía media hora.
Hacía media hora que esperaba aquí.
Llevaba media hora esperando aquí.

Commands

1. To form a command in Spanish you use the appropriate person and form of the **subjunctive**, except for the **familiar** (*tú/vosotros*) **positive** commands that have a special form, known as the true imperative.

   Examples:

formal (positive/negative)	familiar (negative only)
(no) hable	*no hables*
(no) hablen	*no habléis*
(no) coma	*no comas*
(no) coman	*no comáis*
(no) escriba	*no escribas*
(no) escriban	*no escribáis*

2. To say "let's ..." use either the subjunctive: *hablemos, comamos, escribamos,* etc. – or, more colloquially, *vamos a* + infinitive: *vamos a hablar, vamos a comer, vamos a escribir.*

3. You can avoid commands by using other constructions with the infinitive, such as *quiere(s), puede(s), podría(s), tenga la bondad de…, haga el favor de…* and variations on these. These can sound less abrupt and more polite:

Would you be so kind as to open the window?

Tenga la bondad de abrir la ventana.

Will you write your name here?

¿Quiere usted escribir su nombre aquí?

Familiar positive commands

1. To form the *tú* commands the general rule is to remove the final *-s* of the present tense:

habla	*come*	*escribe*

2. A few verbs, however, have special forms, for example:

   ven ten ven pon haz sal di (< decir) sé (< ser);

   ir and *ver* both have *ve.*

3. To form the *vosotros* commands, simply remove the final *-r* from the infinitive and add *-d*. There are no exceptions:

hablad	*comed*	*escribid*

Note that the *d* is dropped with reflexive verbs except *irse: levantaos; vestíos,* but *idos.*

Ser and estar

Spanish has two verbs for "to be", that are used in different contexts.

1. *Ser* is used when followed by a noun or pronoun:

Who is it? – It's me.	*¿Quién es? – Soy yo.*
Madrid is the capital of Spain.	*Madrid es la capital de España.*

The noun may be implied rather than being explicit:

I'm an inhabitant of Barcelona.	*Soy (habitante) de Barcelona.*
It's the first (day) of April.	*Es el primero de abril.*

2. *Estar* denotes the location of the subject – it is frequently used with a preposition such as *en*:

Isabel is in the office.	*Isabel está en la oficina.*
London is in England.	*Londres está en Inglaterra.*

3. With adjectives use *ser* to denote **inherent characteristics** of the subject, whereas *estar* shows **accidental qualities** or a state resulting from a previous action:

Sugar is sweet.	*El azúcar es dulce.*
Buenos Aires is big.	*Buenos Aires es grande.*
My coffee is cold.	*Mi café está frío.*
Isabel is sad because she's lost her watch.	*Isabel está triste porque ha perdido su reloj.*

4. With past participles *ser* shows an action being done to something, and *estar* shows the result of that action:

Look – the door is being closed by the porter.	*Mira – la puerta es cerrada por el portero.*
Now the door is closed and we can't get in.	*Ahora la puerta está cerrada y no podemos entrar.*

5. Past participles used as adjectives are accordingly used with *estar* :

Isabel is married.	*Isabel está casada.*
The president is dead.	*El presidente está muerto.*

6. A few adjectives change meaning if used with *ser* or *estar* but fit within the general rules:

ser listo – be clever	*estar listo* – be ready
ser aburrido – be boring	*estar aburrido* – be bored
ser cansador – be tiring	*estar cansado* – be tired
ser divertido – be amusing	*estar divertido* – be amused
ser bueno – be good	*estar bueno* – be tasty
ser malo – be evil, bad	*estar malo* – be unwell

7. Contrast some other expressions with *ser* or *estar* :

What's the date? – It's the third of May.	*¿A cuántos estamos? – Estamos a tres de mayo.*
	¿Qué fecha es? Es el tres de mayo.
How are you? – I'm very well, thank you.	*¿Cómo está usted? – Estoy muy bien, gracias.*
What's his sister like? – She's tall and fair.	*¿Cómo es su hermana? – Es alta y rubia.*

8. *Estar* is always the verb used with the gerund to form the continuous tenses: *estoy comprando; estábamos comiendo; estarás escribiendo,* etc.

Idiomatic uses of some other verbs

Hacer, tener, and *dar* are used in a variety of idiomatic expressions that differ from English:

dar la vuelta al mundo /a la manzana – to go round the world/the block
dar un paseo – to go for a walk
hacer falta – to be necessary
hacer frío – to be cold (weather)
hacer sol – to be sunny
tener frío – to be cold (person)
tener hambre / sed – to be hungry/thirsty
tener lugar – to take place
tener que – to have to
tener razón – to be right

Besides meaning "to throw," *echar* is used in idioms including *echar una carta* "to post a letter"; *echar la sopa/el café* "to serve the soup/coffee"; and *echar de menos* "to miss (someone)":

I shall miss you while you're in America.   *Te echaré de menos cuando estés en América.*

Glossary: _____

Genders of nouns are given where they differ from rules stated in the Grammar section: *(m)* masculine, *(f)* feminine. The change to the stem of stem-changing verbs is indicated thus: **perder (ie)**. The number after each item refers to the unit where it first appears.

A

abeja	bee 19
abono	subscription 5
abrelatas *(m)*	tin opener, can opener 23
abrigo	overcoat 23
abrir	open 2
abrochar	to fasten 10
absoluto, en	certainly not 6
abuelo/a	grandfather/mother 4
aburrido	boring 3
acatarrado	cold-ridden 21
aceite *(m)*	oil 8
aconsejar	to advise 8
acordar	to agree 6
acostarse (ue)	to go to bed 21
actriz	actress 1
actual	present 15
actuar	to act 1
adecuado	suitable 9
adelantar	to overtake 6
adherir (ie)	to stick 6
afeitar	to shave 8
afilado	sharp 8
agenda	diary 13
agotado	sold out, used up, exhausted 2
águila	eagle 19
agujero	hole 6
ahorrar	to save 4
ajedrez *(m)*	chess 14
albergue	hostel 11
alcachofa	artichoke 19
alcanzar	to reach 9
alfombra	carpet 19
algo	something, somewhat 1
alivio	relief 19
alojamiento	lodging 11
alquiler *(m)*	rent (AmE), hire (BrE) 10
altivez *(f)*	haughtiness, arrogance 24
amanecer	to dawn 23
ambos	both 6
amenazar	to threaten 20
amigo/amiga	friend 1

amistad	friendship 13
amueblado	furnished 3
ancho	wide 20
andar	to go on foot, walk 2
andén *(m)*	platform 10
anular	to cancel 17
anunciadora	announcer 22
anuncio	advertisement 7
añadir	to add 8
año	year 1
apagar	switch off, put out 6
apellido	surname 24
aplicado	smart 11
aprender	to learn 23
apretar (ie)	to press 8
aprobar (ue)	to pass (exam) 1
arder	to be on fire, burn 8
armario	cupboard, closet 3
arrastrar	to drag 24
arreglar	to arrange, fix 1
arriba	upstairs 17
arroz	rice 2
asegurar	to assure, 9
aterrizar	to land 10
aumento	increase 15
aunque	although 2
autopista	motorway, turnpike 20
averiguar	to check 6
aviso	notice 8
ayudar	to help 8
ayuntamiento	town hall 6
azafata	flight attendant 16

B

bajo	under 6
baloncesto	basketball 9
ballena	whale 20
baño	bath 3
barco	boat 10
barrer	to sweep 6
bastante	sufficient, enough, quite 3
basura	rubbish, trash 20
batir	to beat 8

bebida	drink 7
beca	grant, bursary 11
besar	to kiss 7
biblioteca	library 6
bilingüe	bilingual 2
billete (m)	ticket, banknote 2
bocadillo	sandwich 17
bocina	horn 6
boda	wedding 14
bombero	firefighter 4
bosque (m)	wood, forest 20
brazo	arm 9
buitre (m)	vulture 20
buscar	to look for 11
butaca	armchair 19

C

calamares	squid 19
calcetín (m)	sock 19
calefacción (f)	heating 3
callar(se)	be silent 8
calle (f)	street 3
cama	bed 22
camarero	waiter 15
camarones	prawns, shrimp 5
cambiar	to change 2
camino	road, way 2
camión (m)	lorry, truck 18
campo	country(side) 7
canal	channel (tv) 1
canción (f)	song 18
cántaro	pitcher 23
capó (m)	bonnet, hood 6
carecer	to lack 3
cariñoso	affectionate 14
carne (f)	meat 2
caro	expensive 4
carretera	road, highway 4
casarse	to marry 1
cebolla	onion 8
celebrarse	take place 2
central (f)	head office, headquarters 17
cerdo	pork 8
cerveza	beer 1
césped	lawn 19
ciego	blind 19
cifra	figure, number 14
cinturón (m)	belt 10
cita	appointment, date 3
clavel	carnation 19
clima (m)	climate 10
cobrar	to collect 6
cocido	stew 5
cocina	kitchen, cooking, 3
código	code 23
codo	elbow 21
cojo	lame 19
colorado	red 17

comida	meal, lunch 5
comisaría	police station 7
comunicando, están	the line is busy, engaged 4
concurrido	crowded 6
conducir	to drive 6
confiar	trust 13
confuso	embarrassed 12
conocer	to know 5
conseguir (i)	obtain, manage 10
conserje (m)	porter, janitor 3
constipado	(head) cold 21
construir	to build 20
contar (ue)	to tell, count 1
contenido	contents 16
contestar	to reply 6
corbata	tie 24
correo	mail 17
correo electrónico (mandar un)	(to send an) e-mail 17
cortar	to cut 8
cortés	polite 18
cotidiano	daily 3
creer	to believe 11
criticar	to gossip 14
crucero	cruise 10
cuadrado	square 18
cuadro	picture 9
cuarto	room, quarter 3
cubrir	to cover 7
cucharita	teaspoon 8
cuchillo	knife 8
cuello	neck 21
cuenta	bill 8
cuerda	string 22
cuidado	care 6
culpa	blame 14
cumpleaños (m)	birthday 10
cumplir	accomplish, reach 4
cuñado/a	brother/sister-in-law 3

CH

churros	fritters 5

D

dañar	to damage 9
deber	to owe, have to, must 7
deber (m)	duty 22
decenas	tens 18
décimo	lottery ticket 18
dedo	finger 8
dejar	to leave 2
delantal	apron 22
delito	crime 20
demora	delay 16
denuncia	report, penalty ticket 6
deporte	sport 1
depósito	tank 10
derecho, todo	right 16, straight on 2
desafinado	out of tune 22

desaparecer	to disappear 15
desarrollar	develop 23
desarrollo	development 2
descapotable	convertible, drophead 11
descargar	to unload 6
descuento	reduction, discount 5
desempeñar	to play (a part) 1
desempleado	unemployed 15
desempleo	unemployment 15
desenfocado	blurred 21
desgracia	misfortune 17
despacio	slow 7
despacho	office, study 17
despedir	to dismiss 17
despertarse (ie)	to wake up 17
destino	destiny, fate 7
devolver (ue)	to give back, return 10
diario	daily 3, newspaper 15
dibujos animados	cartoons 1
distinto	different 7
divertir (ie)(i)	to amuse, entertain 3
doblar	to turn 12
docena	dozen 19
doler (ue)	to ache 21
dolor (m)	pain 21
dormido	asleep 21
ducharse	to have a shower 9
dudar	to hesitate, doubt 5

E

echar de menos	to miss 14
económico	cheap, economical 5
edad	age 14
ejército	army 22
elegir (i)	to choose 5
embargo, sin	however 3
embotellamiento	traffic jam, gridlock 6
emocionado	excited 22
empezar (ie)	to begin 3
empleo	job 11
encender (ie)	to light, switch on 4
encuesta	survey 9
enhorabuena	congratulations 1
enjambre	swarm 19
enojado	annoyed 7
enriquecer	to make rich 13
ensayo	trial, essay, rehearsal 1
entender (ie)	to understand 1
entenderse (ie)	to get on 14
entremeses (m)	hors d'oeuvres 19
entrevista	interview 2
entrevistador	interviewer 7
envolver (ue)	to wrap 7
equilibrio	balance 20
equipaje (m)	luggage, baggage 10
equipo	team 4
equitación (f)	horse riding 9
escalera	stairs 10

escoba	broom 8
esconder	hide 3
escuela	school 7
esfuerzo	effort 9
espantar	to frighten 8
espeleología	potholing 20
esperar	to hope, wait, expect 6
espalda	back 21
esquiar	to ski 10
esquina	corner 6
establecer	establish 22
estación	season 11, station 1
estado	state 2
estampilla	stamp 6
estómago	stomach 21
estrecho	narrow 4
estrella	star 6
estrenar	to premiere, launch 22
estrés	stress 21
estresado	stressed 21
estropear	to spoil 20
estufa	stove, furnace 3
evitar	to avoid 6
examen (m)	exam 1
exigente	demanding 12
éxito, tener	to be successful 7
explicar	to explain 8
extractar	to take extracts 16
extranjero	foreign(er) 5
extraviarse	to lose the way 2

F

fácil	easy 1
facturar	register, check in 10
fallo	defect, error 6
falta, hacer	to be necessary 7
familiar	family member 13
farmacia	pharmacy, chemist's 21
fatal	dreadful 5
fecha	date 10
felicitaciones (f)	congratulations 1
feo	ugly 9
ferrocarril	railway, railroad 4
fila	queue, line 9
fin (m)	end 2
firmar	to sign 16
flor (f)	flower 1
folleto	brochure 10
fontanero	plumber 2
footing	jogging 9
freír (i)	to fry 8
freno	brake 6
frialdad	coolness 14
fuego	fire 20

G

gafas	glasses 21
ganar	to earn, win 1

ganga	bargain 10
ganso	goose 19
gas, a todo	at top speed 7
gastar	to spend 9
gato	cat 8
gazpacho	type of cold soup 5
glorieta	roundabout, giratory 2
golpear	to hit 23
gorda, hacer la vista	turn a blind eye 6
gordo	top prize 18
grado	degree 8
gratis	free-of-charge 5
grifo	tap, faucet 8
gritar	to shout 8
grosero	vulgar, rude 18
grúa	crane, breakdown vehicle 4
guapo	good-looking 11
guión (m)	script 1
guisar	to cook, stew 8

H

habitación (f)	room 2
hacerse	to become 7
hambre (f)	hunger 1
harina	flour 5
hasta	until 1
hazmerreír (m)	laughing stock 23
hecho	deed, act, fact 9
hermoso	good-looking, beautiful 4
hielo	ice 9
huevo	egg 5
humo	smoke 8

I

ilusión, tener i. a alguien	to give high hopes 17
importe (m)	cost 6
imprescindible	essential 6
impuesto	tax 5
incendio	fire 8
informal	informal 17
ingresar	to join 9
inquietarse	to get anxious 18
intercambio	exchange 11
investigaciones (f)	research, investigations 1
invitado/a	guest 9

J

jardín (m)	garden 1
jefe (m)	boss 2
jubilarse	to retire 14
jugar (ue)	to play (game) 7
jugo	juice 8

L

lado	side 3
ladrón (m)	thief 10
lástima	pity 11
lata	can, tin 19

lavaplatos (m)	dishwasher 3
lectura	reading 9
lechuga	lettuce 19
leer	to read 1
letrero	sign(board) 2
leve	slight 15
ley (f)	law 22
libra	pound 4
librería	book shop 6
ligero	light 9
limpiabotas (m)	shoeshine 15
limpiar	to clean 6
limpieza	cleaning 3
listo	clever, ready 3
loco	mad, crazy 5
locura	madness 5
lomo	steak 19
luchar	to fight, struggle 23
luego	then 1
lugar (m)	place 19
lujo	luxury 10
luz (f)	light 2

LL

llama	flame 8
llamar	to call 1
llegar	arrive 6
llenar	to fill 10
llevar	to carry, wear, take 1
llorar	to cry 8
lluvia	rain 2

M

madrugada	early morning 21
madrugar	to get up early 19
manchar	to stain 8
mano (f)	hand 8
manguera	pipe, hose 8
manzana	apple, block (street) 2
marca	brand, make 19
marcar	to dial, score 17
marcha, motor en	engine running 7
marearse	to feel sick 10
marido	husband 1
marisco	shellfish 2
martillo	hammer 8
máscara	mask 7
matar	to kill 3
matrícula	licence plate 19
matrimonio	marriage 2
mecanografiar	to type 16
medio	half 2
medio	medium 11
medio ambiente	environment 20
mejor, a lo	perhaps 9
melocotón (m)	peach 19
mercado	market 2
merluza	hake 5

mes (m)	month 5	parar	to stop 6
mesa	table 8	pararrayos (m)	lightning conductor 23
meter	to put in 18	parecer	to seem 2
microondas (m)	microwave oven 3	parecido	similar 22
miope	shortsighted 21	parrillada	mixed seafood grill 5
mojar	to moisten 4	participar	to participate, take part 1
molestar	to bother 21	particular	private 14
montañismo	hill climbing 20	pasillo	corridor 12
morir (ue)(u)	to die 1	pastel	cake 5
mostrar (ue)	to show 1	pastilla	tablet 16
muela	tooth 22	pato	duck 19
muestra	sample 1	paulatino	slow, gradual 24
mujeriego	womanizer 14	pedazo	piece 8
multa	fine 5	película	film 7
mundial	worldwide 16	peligroso	dangerous 20
murciélago	bat 20	pendiente (m)	earring 19
músico	musician 22	penique (m)	penny 4
		pensar (ie)	to think 7

N

nacer	to be born 7	perdiz	partridge 19
nacionalización (f)	naturalization 2	perejil	parsley 8
nadie	no one 16	perezoso	lazy 19
nata	cream 19	periódico	newspaper 13
natación (f)	swimming 9	perro	dog 6
naturaleza	nature 18	pésame	condolence 1
navaja	razor 8	pescado	fish 5
Navidad	Christmas 4	peso	weight 21
negocio	business 11	picado	minced 8
neumático	tyre 6	picante	hot, spicy 9
nevera	refrigerator, icebox 3	pie (m)	foot 6
nieve (f)	snow 10	pierna	leg 21
Nochebuena	Christmas Eve 13	pimientos	peppers 19
Nochevieja	New Year's Eve 13	pintar	to paint 6
nomeolvides (m)	forget-me-not 19	piña	pineapple 19
novia	girlfriend, fiancée 5	piscina	swimming pool 9
nube (f)	cloud 20	piso	flat, apartment 3
		plazo	instalment 5

O

ocio	leisure 20	plomo	lead 10
oferta	offer 5	polémica	debate 2
oficina	office 3	política	policy 2, politics 3
ojo	eye 21	pollo	chicken 19
oler (ue)	to smell 7	polvoriento	dusty 6
olmo	elm 19	porta(a)viones (m)	aircraft carrier 23
olvidar	to forget 9	portavoz (m)	spokesman 23
óptico	optician 21	potable	drinkable 11
oreja	ear 21	precio	price 3
orgullo	proud 13	preguntar	to ask 2
oveja	sheep 19	premio	prize 18
		preocupado	worried, distracted 6
		presentar	to introduce 1

P

página	page 15	prestar	to lend 9
país (m)	country 2	primo/a	cousin 3
paisaje	landscape 18	principio	principle 22
pantalla	screen 1	probar (ue)	to try, taste 7
papa	potato 2	promedio	average 14
paraguas (m)	umbrella 9	promover (ue)	to promote 2
paraíso	paradise 18	pronto	soon 3
		propósito	matter, topic 3
		propósito, a	by the way 17
		proteger	to protect 20

protegido	protected 18	sabor *(m)*	taste, flavour 7
proyecto	plan, project 1	salida	exit 2
público	public, audience 1	salón *(m)*	living room 3
pueblo	town, village 4	salvavidas	life jacket 10
puerto	port 4	sangre *(f)*	blood 8

Q

quebrantar	to break 7	sangría	type of drink 5
quedar	to remain 13	sartén *(f)*	frying pan 8
quehaceres *(m)*	chores, tasks 13	secar	to dry 6
quejarse	to complain 6	seguir (i)	to go on, continue 2
quemar	to burn 20	seguro	sure, certain 2
querer (ie)	to want, love 4	semana	week 1
quitar	to take away, steal, remove 6	sencillo	simple 13
quizá(s)	perhaps 2	sendero	path 20

R

ramo	bunch 5	sentirse	to feel 22
raro	strange, rare 3	señal *(f)*	sign 7
realizador	producer 1	serie *(f)*	series 1
realizar	to carry out 23	serio	serious 3
recado	message 4	siempre	always 5
receta	recipe 8, prescription 21	sierra	saw 8, mountains 10
recibo	receipt 17	sindicato	trade union 15
recoger	to pick up 6	sinuoso	twisty 20
reconocer	to recognise 7	sobre *(m)*	envelope 6
recordar (ue)	to remember, remind 5	soler (ue)	to be in the habit of 9
red *(f)*	net 9, network 23	solicitar	to apply for, seek 7
regalo	present 5	sombra	shade, shadow 2
regar (ie)	to water 8	sombrero	hat 7
registrar	to search 17	sonido	sound 7
regular	so-so, OK 1	sordo	deaf 19
reír (i)	to laugh 17	sorprendente	surprising 9
reja	grille 3	subir	to go up(stairs) 4
relámpago	lightning 23	súbito	sudden 24
rellenar	to fill in 10	sucio	dirty 6
reloj *(m)*	watch, clock 1	sucursal *(m)*	branch 23
remendar (ie)	to darn 6	sudadera	tracksuit 9
rendir (i)	to render, serve 13	suelo	floor, ground 8
reparo	misgiving, reservation 24	sueño	dream 5
repasar	to check 6	suerte *(f)*	luck 1
repetir (i)	to repeat 3	sugerir (ie)(i)	to suggest 8
resolver (ue)	to solver, resolve 2	superficie *(f)*	surface, area 18
resumir	to summarise 16	supuesto, por	of course 4
reunión *(f)*	meeting 2	susto	shock, fright 9

T

reunirse	to meet 1	tacto	touch 7
revista	magazine 5	tal	such a 1
riesgo	risk 20	tal, qué	how are things? 1
robar	to steal 7	taller *(m)*	garage, workshop 6
roble *(m)*	oak 19	talón	heel 21
rodaballo	turbot 19	tamaño	size 3
rodilla	knee 21	tampoco	neither 15
romper	to break 7	tardar en	to take time to do 6
ropa	clothes 3	tarde	afternoon 1, late 6
rozar	to be getting on for 14	tarjeta	card 2
rueda	wheel 18	tasa	figure, statistic, rate 14
		techo	roof 5

S

sabelotodo *(m)*	know-all 23	tela	cloth 17
		telenovela	soap opera, serial 1
		televidente	viewer 3
		televisor	tv set 5

temporada	period 10
temporal	temporary 14
tendero	shopkeeper 5
terminar	to finish 4
ternera	veal 8
tiburón	shark 20
tienda	shop 7
tierra	land 18
tipo	type, rate 1
toalla	towel 8
tobillo	ankle 21
tocar	to touch 7
todo	straight on 2
todoterreno, vehículo	off-roader 20
tomate	tomato 5
tormenta	storm 8
tornillo	screw 5
traer	to bring 8
traje *(m)*	suit 5
transeúnte	passerby 2
trasladar	to transfer, move 14
tratar	to deal with 3
trato	treatment 22
trigo	wheat 20
tropel *(m)*	flock, herd 19
trucha	trout 19

V

vaca	cow 19
vale	OK, costs, is worth 5
varón	male 15
ventaja	advantage 16
ventajoso	advantageous 10
ventana	window 3
ver	to see 1
verdad	truth 7
verdadero	real, true 7
vergonzoso	shameful 13
vergüenza	disgrace, shame 13
vestido	dress 8
vestirse (i)	to get dressed 8
viaje *(m)*	journey 2
vida	life 1
vidrio	glass 19
vigésimo	twentieth 18
viuda	widow 14
volante *(m)*	steering wheel 6
volver (ue)	to return, do something again 1
vuelo	flight 10
vuelta, dar la	to go round 2

Y

yacimiento	deposit 18

Z

zanahoria	carrot 5
zapato	shoe 5
zarzuela	type of fish stew, operetta 5